战略定力

초 격 차

（韩）权五铉 / 著　李民 / 译

江苏凤凰文艺出版社
JIANGSU PHOENIX LITERATURE AND
ART PUBLISHING, LTD

图书在版编目（CIP）数据

战略定力 / (韩) 权五铉著；李民译. -- 南京：
江苏凤凰文艺出版社, 2020.8
ISBN 978-7-5594-4939-9

Ⅰ. ①战… Ⅱ. ①权… ②李… Ⅲ. ①电子工业－工
业企业管理－研究－韩国 Ⅳ. ①F431.266.6

中国版本图书馆CIP数据核字(2020)第098085号

著作权合同登记号　图字：10-2020-264

战略定力

(韩) 权五铉 著　李 民 译

责任编辑　李龙姣
策划编辑　王文彬
装帧设计　红杉林工作室
出版发行　江苏凤凰文艺出版社
南京市中央路 165 号，邮编：210009
网　　址　http://www.jswenyi.com
印　　刷　唐山富达印务有限公司
开　　本　880 毫米 ×1230 毫米　1/32
印　　张　7.5
字　　数　140 千字
版　　次　2020 年 8 月第 1 版　2020 年 8 月第 1 次印刷
书　　号　ISBN 978-7-5594-4939-9
定　　价　69.90 元

江苏凤凰文艺版图书凡印刷、装订错误可随时向承印厂调换
电话：（010）83670231

前言 · 蜕变

小时候，我曾梦想成为一名“博士”。当时，一部韩国漫画《正义的狮子——莱菲》深深地影响了我。漫画中的主人公莱菲堪比今天的超人或蜘蛛侠，它打败邪恶势力、拯救地球，是一个了不起的英雄。

不过，在那部漫画中，真正让我崇拜的人并非主人公莱菲，而是“尹博士”。尹博士无所不能，他能制造出莱菲所需要的各种装备。我被尹博士这个人物完全迷住了，梦想着自己长大后也能成为一名“博士”。当然，随着年龄的增长，我渐渐明白了，博士并非什么都可以创造出来。即便如此，儿时的梦想却依然膨胀着，最终引领我考上了工科大学。

大学毕业后，我进入了一家研究所工作。1980 年，我辞去了这份工作，为追逐儿时的博士梦，去了美国的斯坦福大学留学。当时韩国的各大企业普遍认为“生产和制造”比“研发”更为重要，因此对于博士毕业生的需求并不是那么迫切。很多人博士毕业后都留在了大学做教授。当踏上赴美留学之路时，我也是期待着有朝一日自己能够成为一名大学教授。

我在美国留学期间正值20世纪80年代初，在斯坦福大学附近的硅谷，苹果（Apple）、太阳微（Sun Microsystems）、雅达利（Atari）和英特尔（Intel）等企业犹如雨后春笋般不断涌现。伴随着这股创业热潮，工科人才在社会上开始紧俏起来。很多博士毕业生纷纷放弃教职，选择去企业就职，我的一些同学甚至在拿到博士学位之前便开始自主创业。

当时斯坦福大学的这种氛围让我很震惊，我原本一心期待在博士毕业后能成为教授，然而从那时起，我的这种想法悄然发生了变化。斯坦福大学的教学理念对我来说也是一种巨大的挑战。此前我接受的教育一直是教我如何（how）解决问题，而来到斯坦福，我学会了为什么（why）要解决问题，以及解决这个问题究竟是为了什么（for what）。在这种教育环境下，我开始重新审视自己。就这样，博士毕业后，我毅然放弃了要成为大学教授的想法，进入企业，希望能够实实在在地制造一些实用的东西。儿时“尹博士”的梦想最终让我成了三星集团的一员。

死路：勇敢者的逆袭之旅

1983年，三星集团的创始人李秉喆会长做出了一项意义深远的决定。他宣布，三星集团将进军半导体业。绝大多数研究机构对此都不看好，一系列研究报告显示，韩国和三星集团涉足半导体业没有丝毫成功的希望。那时候的韩国，既没有雄厚的技术人员储备，也缺乏生产经验，更不具备各种配套设施，在这种情况下，去挑战半导体这一尖端技术简直就是自寻死路。

当时我正在斯坦福大学读工科，在听说三星集团要开发存储器的消息后，我也为其前景感到担忧。1985 年，我加入了三星电子。那时，韩国的半导体行业人才匮乏，三星集团不得不在硅谷设立研究所，招聘当地研究人员从事存储器半导体的开发。我当时的考虑是，三星集团要开发半导体技术，必将开展诸多研究，在这个过程中，我可以学到很多东西；另外，对于半导体技术本身，我也有着浓厚的兴趣。就这样，对于知识的渴望，促使我叩开了三星集团的大门。

在硅谷的研究所，我负责的第一项工作是开发 4Mb 的 DRAM（动态随机存取存储器）。1988 年，因为开发工作取得了不小的进展，三星集团希望我能接手韩国国内的项目开发团队。于是，我决定回国。当接过三星集团给我的聘书时，我感到肩上的担子沉甸甸的。

当时，日本主导着全世界的半导体行业。无论研发、生产，还是在市场占有率方面，日本都处于领先地位，而三星集团起步的时间晚了很多年。无论是三星集团的高层领导者，还是研究人员，都明白自己的面前就是刀山火海。众所周知，如果不是李健熙会长的坚守，可能韩国现在都没有半导体。当时情况极为艰难，前途一片渺茫，然而李健熙会长毅然坚持加大投资。现在想来，正是这种企业家精神才缔造了今天韩国的半导体业。

那一时期，包括我在内，三星电子的全体员工每天早上上班的第一件事，就是高声诵读半导体行业从业人员“十大准则”。这“十大准则”饱含着三星电子要在世界半导体市场拥有一席之地的迫切愿望和坚定决心。嘹亮的口号响彻了整个办公室和工厂的每个角落，其中有两句成了我的人生信条。

永不言弃（Never give up）！

勇于挑战（Aim high）！

看似简单的几个字，却蕴含着巨大的力量。慢慢地，全体员工共同高喊的口号，在我面前变成了现实。只要永不言弃、勇于挑战，梦想终将变为现实。在三星电子全体员工的不断努力下，我们慢慢缩小了与日本竞争对手之间的技术差距。

1992 年，我带领的开发团队，在世界上首次推出了 4Mb 的 DRAM。从此，三星电子在存储器领域步入了世界领先行业，并将领先优势一直保持到现在。2017 年，经过 34 年的努力，三星电子终于击败英特尔，成为世界半导体业的龙头。从技术门外汉到世界领先，三星电子无疑创造了奇迹，谱写了新的神话。

淬火：在亏损泥潭中永不言弃

在我的人生中，1997年是一个多事之秋。由于经济危机爆发，韩国不得不从国际货币基金组织（IMF）申请国际金融援助。就在那一年，三星集团调整了我的工作——从存储器开发部转到系统LSI（非存储器芯片）开发部。从1997年下半年，我开始接手一个小型项目部门，我的职责扩大到了整个部门的运营。

我不是经管专业毕业的，也没读过MBA，却突然要去管理一个部门。虽然在此之前，通过各种会议或报告，跟上司学到过一些经验，但毕竟没有系统地学过企业经营方面的知识。虽然读过一些经营方面的书，也听过一些不错的课程，但到了实际应用时才发现“书到用时方恨少”。这就好像是在父母呵护下的孩子，从结婚的那一天起，他突然成了一家之主，不仅要养活自己，还要负责全家人的生计和安危。一纸调令，我就这样成了部门的一家之主。

做开发工作只需完成内部制订的目标即可，而跑业务却必须从外部挣到钱，只有这样才能立足。从那时起，我平生第一次做起了“买卖”。说实话，在负责开发团队时，我曾觉得技术开发比管理企业更加重要。显然，那个时候，我简直就是一个初出茅庐的愣头青。直到当上部门负责人之后，我才逐渐明白，技术开发固然重要，但经营一个部门更加重要，因为部门的正常运转是技术开发的根本保障。

离开技术开发领域后，我接手的第一个部门由于亏损严重，一直面临被关闭的命运。显然，对于一直从事技术开发的我来说，这是一个巨大的挑战。当时，我没有任何销售经验，而三星电子的系统半导体产品在市场上毫无竞争力。另外，我的职位也比较低，因此常常遭遇客户的冷眼。有一次，我因为耽误了交货日期，不得不把已经交给对方的产品又重新拉回公司。从此以后，我接手的大部分部门和子公司大都要么深陷亏损泥潭，要么挣扎在盈亏平衡线上。其实，在我接手存储器和显示器部门时，它们最初也都是亏损的。“永不言弃”，真的就是靠这几个字，我才熬过了那一个时期。

如今，三星的半导体和显示器业务正蒸蒸日上，人们很难想象这些部门也曾经有过亏损。不过，俗话说，爬得越高，跌得也越重。光鲜靓丽的背后总是潜伏着巨大的危机。在困难面前，我也曾苦恼过、困顿过。部门不同，亏损的原因也不尽相同。人才匮乏、技术欠缺、投资不到位、产品质量不过关、生产效率低下、营销能力乏力、竞争对手过于强大等问题交织在一起，如何才能解开这个千头万绪的毛线球呢？没有人告诉我，我不得不自己去寻求解决对策。无数个日夜，内心的焦灼和苦恼一直折磨着我。

凡事有弊也有利，既然已经亏损了，就算我的解决方案再大胆，也没有人会反对，我反而可以淋漓尽致地实践自己的经营理念。三星集团对这些部门或子公司早已不抱任何希望了，这反而让我有了更大的发挥空间。从这一点上来说，接手亏损部门，也是一种幸运。如果我负责的是一个盈利部门，可能会因为担心经营不善，而不敢做任何尝试。

我接手过很多个亏损部门，尽管其间经历了很多艰辛，度过了无数个不眠之夜,但在这一过程中,为了生存,我不断地思考和尝试,当然也难免遭遇失败。不过，正是凭借从这些失败中不断提纯的经验，我积累了一般人无法获取的经营技巧。随着经验的不断积累，我开始尝试按照自己的理念去经营企业。对于我来说，这一时期弥足珍贵，它为我成长为企业的掌舵人夯实了实践的基础。

随着我接手的小规模业务一个个取得了不俗的业绩，我开始接管规模更大的项目，最后我的职业生涯终于被定格为资深的职业经理人。这是我从未想过的蜕变。从项目负责人、经理，最后成为三星电子的会长，人们将我的成长过程称作“打工仔神话”，殊不知，这一切都源于我年少时的“尹博士”梦。回顾自己的成长之路，我觉得保证自己达成这一成就的根本原因，就是每当我的人生遭遇危机、跌入谷底之时，我都永不言弃、努力寻求蜕变。

变通：缔造绝对优势的“化蝶”哲学

我的人生轨迹完全脱离了儿时梦想的轨道。从读工科大学，到最终当上企业的最高领导者，在 40 多年间，如果用一个词来概括我的人生，那就是“技术”。在学生时代，我学习技术原理；进入企业后，我开发技术；当上企业领导者后，我开始销售技术。

不同的时期，我所扮演的角色不同，但从头至尾，技术始终与我相伴。

在这一过程中，我得出一个结论：“如果自己不努力适应环境、寻求蜕变，不仅无法成长，更无法生存，变则通。”

开发部门只有寻求蜕变，才能大胆创新，研发出具有颠覆性的产品；亏损部门只有摸索如何蜕变，才能摆脱死亡的结局。即使那些经营良好的部门，也需要未雨绸缪，不断进行蜕变，以防突如其来的不测。停止蜕变就等于毁灭，无论任何部门、企业都是如此。对于个人而言，这个结论也适用。

我非常喜欢用到破茧成蝶这个词，以此来比喻在绝境中寻求蜕变的过程。肉虫做茧成蛹，接着破茧成蝶，如果不经历这一过程，就无法生存。肉虫只有先做茧成蛹，然后才能蜕变为一只美丽的蝴蝶，并在天空中自由飞翔。如果从卵中孵出的肉虫停止蜕变，仅仅满足于在温暖的地方吸食叶子上的美味浆露，永远做一只肉虫，那结果会如何呢？恐怕会成为一只世界上身形最大、肉质最肥嫩的肉虫。这样一只不求蜕变、身形巨大的肉虫，属于它的命运会如何呢？想必一定会被鸟类发现，第一个被吃掉。

从卵中孵出的肉虫绝对不能停止蜕变的脚步，因为不寻求蜕变，便无法生存，人生也是如此，如果自我满足，停止蜕变，一定会被别人击败。

要想实现自己的梦想和企业的存在价值，必须让自己，让企业不断寻求变革。我们周围，有很多人惧怕变革，希望永远做一只巨型肉虫；也有很多企业，心甘情愿做一只巨型肉虫；还有很多人对自己能够成为一只巨型肉虫而自豪。他们似乎看不到天空中飞翔的鸟儿。显然，他们的身形越大，越容易成为捕食者眼中的美食。“不变”则“亡”，这是多年管理亏损部门和子公司所给我带来的启示。

如果说三星电子的绝对优势策略是采用独家技术，创造企业核心竞争力，那么“拉开距离，不断寻求蜕变”则是三星电子为了创造绝对优势而采取的具体策略。当今时代，你如果做不到遥遥领先，即便暂时胜出，也会在一瞬间名落孙山。要想不断成长，保持绝对优势，继续引领时代，只有不断寻求蜕变。

本质：在半导体行业之巅的思考

多年的经验和教训告诉我，一个企业经营者的人生并不是“地位”或“权威”的代名词，而是一种“生活方式”。每个人都有各自的故事，每个企业经营者的人生也是如此。

经营不是一门轻松的学问。如果说研究开发是为了获得成果，属于理性范畴的话，那么经营则需要同顾客和员工打交道，需要了解“人”本身，属于感性范畴。理性范畴从某种程度上可以被理解和操控，但感性范畴却总会随着时代和环境的发展不断变化。每个人的感性世界都不尽相同，理性的东西在某种程度上是一成不变的，而感性的东西却在不断变化。经营正是从属于这种感性范畴，它的形式五花八门，永远没有答案。

随着时代的发展，我也在不断地寻求蜕变，为了创造绝对优势，我在经营一线上持续拼搏着。今天我将个人的经验和教训一并总结出来，希望能为年轻的企业经营者提供些许参考和借鉴。通常，绝对优势指代的是“水平”上的差异，即水平的“高”和“低”。本书中，我想把重点放在“层次”二字上，去探讨如何在层次上创造出具有绝对优势的差距。这本书不是专门探讨企业经营和管理策略的理论书籍，而是我基于多年的管理经验，对企业经营的真实记录。书中，我引用了大量的具体事例和比喻，尽量让内容通俗易懂。

三星电子规模庞大，我在三星电子积累的管理经验可能很难让其他企业或一般的中小企业产生共鸣，但企业发展的本质还是彼此相通的，因此我希望把我的经验分享给大家。现如今，在无数的青年才俊中，有很多人正在创业的“沼泽地”中苦苦挣扎，他们需要周围人的安慰和鼓励。我很希望本书能为他们前行的道路开启一盏明灯，为他们指明方向。

经过几十年的发展，三星电子早已成为世界龙头。最初提笔时，我原本想把三星电子的经营策略全方位地呈现出来，然而，半导体行业竞争激烈，出于行业的特点，很多具体的技术问题未能一一详细叙述。在书中，我还省略掉了很多具体的数字和公司名称，但我相信这并不会影响读者的阅读体验。对此，敬请谅解。

目　录 CONTENT

第一部分

领导者

第二部分

组 织

第三部分
战 略

초격차

第一部分

领导者

领导力：为什么卓越的领导者极度稀缺

我见过很多人，我的上司、我的同事以及不计其数的下属。因为在三星电子任职，我有幸近距离接触过李健熙会长，并与很多强悍的竞争对手交锋过。我曾亲自拜会过史蒂夫·乔布斯，与他谈生意，在旁边观察他的一举一动。我与德国总理默克尔有过对谈。当时，默克尔总理为了扶持德国 IT 企业，曾与我探讨过一些问题。她的提问极为专业，这让我很吃惊。作为一个国家的最高领导人，她在处理事情方面的果断，让我敬佩不已。

这些人大都是领导者，每次见到他们，我都会问自己，他们为什么会成为领导者？他们是如何成为领导者的，又是如何去领导他人的？要想成为领导者，需要一些什么特殊的条件？每当我见到这些领导者的时候，无数问题便会在我的脑海中萦绕。

接触诸多卓越领导者之后，我心中也形成了一套模式，去分辨什么样的人可以成为领导者，什么样的人无法成为领导者。那么，究竟哪些人有资质可以成为领导者呢？

内核：领导者的天性和外在能力

研究领导力的学者们针对“什么样的人可以成为领导者”进行了诸多研究，不过他们的结论却五花八门。有的学者认为“这是天生的”；有的学者认为“后天的培养十分重要”。我个人并不认为，领导力完全是由人的基因决定的。不过有句俗话说：“三岁看大，七岁看老。”这句话告诉人们，一个人的天性其实是在青少年时期形成的。**由此，可以判定，基因对一个人的领导力的影响权重差不多占三分之一，而后天的培养所占权重差不多占三分之二。**

每个人身上都有很多天生的倾向，这可以称为天赋。不过对于哪种倾向会不断放大并最终定型为人们的性格而言，成长环境起到了不可忽视的作用。因此，家庭和父母的影响所产生的作用其实远远超过人们的想象。我觉得，在判断一个人的领导力时，首先要考察他的成长环境。如果某领导者屡教不改，总是在社会上引发不必要的争议，或者在企业经营中不停地做出错误的决策，从而导致企业蒙受巨大损失，那么造成这种局面的根源很可能就是他自幼缺乏良好的成长环境。

当然，我们不能仅仅根据成长环境，就对一个人的成败盖棺定论，但至少身边无数的案例告诉我，恶劣的成长环境一定会严重影响一个人的领导力。

因此，在判断一个人的领导力时，我认为，一定要看在他的成长过程中其家庭是否和睦，在什么环境中接受过教育，接受过什么样的教育，以及他有怎样的人生观。

另外，我觉得更重要的是，要看在其成长过程中，他是否经常做出过损人利己的事情。**如果他的成长环境可以接纳他损人利己，那么这样的人很可能不会成为好的领导者。如果他的成长环境可以容忍他无须承担责任，那么这样的人一定会是十分糟糕的领导者。**

不过，如果在判断一个人是否适合成为领导者时，全部依靠其成长环境的话，恐怕所有人都不会认同。因为一个人出生在什么样的家庭，是自己无法选择的。想必大家身边都不乏这样的人，他们虽然家庭环境不好，但因为遇到了好的导师，最终也走上了人间正道。青少年时期是一个人性格形成的重要时期，如果青少年时期能够在一个好的环境中度过，那绝对是一种莫大的幸运。因此，我觉得可以将青少年时期形成的性格看作一个人的天性。基于这一前提，我将领导者必须具备的品格——被放大的那些天生的内在倾向，归纳为以下三点：

- 真诚（Integrity）
- 谦逊（Humility）
- 不贪婪（No Greed）

所谓“真诚”，是对所有的情况都能客观地做出判断，无论对自己是否有利，都能够与当事人坦诚商榷；所谓“谦逊”，是指正视自己的不足，谦虚肯学，对同事、员工能以礼相待；所谓“不贪婪”，是指绝不采取旁门左道来获取个人利益。这三点，无论在任何时代、任何情况下，都是领导者所必须具备的内在品格。

我之所以一直强调一个人的成长环境，主要是因为，每个人的基因中都存在某些倾向，有好有坏，好的成长环境可以抑制那些不好的倾向，并放大那些好的倾向。反过来说，如果成长环境恶劣，那么人们的那些好的倾向就可能被抑制。当然，在这种情况下，一个人通过后天的不懈努力和深刻顿悟，其实是可以规避品格中的不足之处的。

然而，并非所有真诚、谦逊和不贪婪的人都能成为优秀的领导者。上述三点虽然是必要条件，但并不是充分条件。我们都知道，天性善良的领导者在经营企业的过程中也要同不善良的人打交道，甚至还需要将很多人视为自己的竞争对手。这些竞争对手总是怀着敌意，希望能打败这些善良的领导者，让其公司一败涂地。因此即便是内在品格具备了，要想成为真正优秀的领导者，还需要通过后天的“训练”，具备以下外在能力：

- 洞察力（Insight）
- 决策力（Decision）
- 执行力（Execution）
- 持久力（Sustainability）

这四种外在能力在各种领导力理论中都会被反复强调。大家如此看中这四点，可见它们有多么重要。在这四种外在能力中，我个人认为持久力尤为重要。一般人们在评价一个领导者的资质和能力时，通常只看这个领导者的业绩。如果这个领导者的业绩很突出，我们就认为他“有洞察力”“决策果断”“执行力强”。然而，需要注意，这种根据业绩做出的判断往往都是暂时性的。

一件事最终会产生什么样的结果往往取决于当时的情况，其中夹杂着许多偶然和幸运的因素。即便是领导力出众的人，其经营业绩也并非总是优秀的，有时是借市场行情的东风，有时是因为拥有一批优秀的下属。因此，在领导者的外在能力中，持久力才最为重要，因为它不受市场行情和下属能力的限制。

换句话说，即使某领导者现在的业绩非常风光，但也仅是“现在”而已。所有领导者的业绩都仅局限于“现在”。即便他在任职期间取得了很好的业绩，但如果当他离开以后，企业立刻陷入了困境，那么这恰恰是其缺乏持久力的表现。因此说，只有无论领导者在职与否，企业都能长久延续当前辉煌，这种持久力才是卓越领导者必须具备的最重要的外在能力。

没有持久力，领导者就难以称得上成功，希望大家牢记这一点。另外，对于每一位领导者来说，都需要担负一项职责——即培养优秀的后备人才，接过他手中的接力棒。任何企业的领导者，都需要培养后备人才，挖掘其潜在的领导力。当然，对于领导者来说，其首要责任当然是经营好企业，但要想成为卓越的领导者，那他必须要懂得如何培养自己的接班人。

总而言之，领导者一定要有能力塑造未来，让自己现在缔造的业绩能够在未来长久持续下去。如果能够着眼未来打下坚实的基础，并创造充满正能量的企业文化，那么一定会成为一个真正拥有持久力的优秀领导者。

缺陷：能力短板的危害是根本性的

在这一小节，我主要想探讨“如何全方位培养领导力”。洞察力、决策力、执行力、持久力，这四种能力不仅会受到真诚、谦逊、不贪婪这些内在品格影响，而且在实际经营企业的过程中，它们也会随着实践经验的增加而发生变化。换句话说，只有天性、实际经验和后天努力三者同时联动，才能够成为创造绝对优势的卓越领导者。

那么，洞察力、决策力、执行力、持久力这四种能力意味着什么呢？

首先，我想说，作为领导者，一定要努力全面具备这四种能力。只有将这四种能力都发挥到极致，才能够成为真正的领导者。如果这四种能力中，只具备其中的一种或两种，那么这种人无法成为领导者，只能成为参谋或追随者。

一般情况下，我们对领导者进行分类，经常将这四种能力区别对待。根据每个领导者的特点和优点，分为有震慑力的领导、执行力强的领导、会稳定民心的领导、善于组建新部门的领导。然而，这种分类方式有些过于随意，有失偏颇。**虽然近年来企业对领导力类型的要求发生了变化，但它也不能像配备候补队员那样准备多个领导者，随时替换。我们不能先提拔一个善于组建新部门的领导，当业务稳定时，再重新换人。**

因此说，对于洞察力、决策力、执行力、持久力这四种能力，只有全方位具备的领导者才堪称真正的领导者。

我们经常可以发现，身边有很多人洞察力十分敏锐。优秀的学者、卓越的思想家，他们都拥有深邃的洞察力。然而，他们能够成为领导者吗？数量经济学家、管理学教授的洞察力十分独到，但将企业交给他们经营，企业真的会稳步发展吗？他们超凡的洞察力真的能够为企业带来业绩吗？有道是，“术业有专攻”，答案显然是否定的。

在掌管三星电子这家大公司的过程中，我亲眼见到很多人，他们拥有卓越的洞察力，但行动迟缓，缺乏魄力。他们虽然能够提出很多与众不同的设想，但却往往不能付诸实践。他们最大的弱点就是缺乏决断能力，总是犹豫不决，拖延时间，最终痛失良机。

有的领导者虽然拥有洞察力，但缺乏执行力。尽管他们会聘用一些有魄力的参谋或下属弥补自己的不足，但在我看来，这也有问题。

如果领导者缺乏执行力，通常选择聘用一个有魄力的参谋来辅佐自己，这个时候，这个领导者一定要懂得重用身边的这位参谋，充分赋权。**缺乏执行力的领导，往往性格优柔寡断，无论做什么事情都犹犹豫豫。虽然这些人会把一些具体工作交给身边的员工或参谋，但却不懂得放权。要记住，信任他人，将工作交给他人时，仍需要执行力。**因此，洞察力强，但缺乏执行力的领导从一开始就没有资格成为领导者。

根据每个领导者的特点和优点，分为有震慑力的领导、执行力强的领导、会稳定民心的领导、善于组建新部门的领导。然而，这种分类方式有些过于随意，有失偏颇。

我们不能先提拔一个善于组建新部门的领导，当业务稳定时，再重新换人。数量经济学家、管理学教授的洞察力十分独到，但将企业交给他们经营，企业真的会稳步发展吗?

当然还有另一种情况。决策力十分突出，做事果断，但缺乏洞察力。这样的人也无法成为领导，只能做参谋。作为领导者，要想取得成绩，就必须既要懂得审时度势，预测未来，又要有英明的决策能力，牢记使命，为企业未来的可持续性发展奠定基础。

迄今为止的所有领导力理论都太过于片面了，从我个人的经验来看，只有全面具备洞察力、决策力、执行力、持久力的领导者，才能够取得卓越的成绩。然而，要想全面具备这四种能力，实非易事，因此卓越的领导者总是可遇而不可求的。

如果将我自己几十年的职业生涯比喻成一场足球比赛，那么上半场我一直在努力让自己全面拥有这四种能力，下半场我则一直在思考，如何能够培养拥有这四种能力的优秀人才。

职能：引领企业无限趋近效率极限

企业经营总是围绕着一层看不透的迷雾。往往刚刚自以为知道了点端倪，突然又出现一些变数，让你发现以前所知道的经营模式都是错的。各方利益交织，人人想法迥异，导致各种变数层出不穷，在这种情况下，为企业经营寻找一条普适性原则，实在不是一件易事。因此，商业界通常将一些成功企业家设置为学习和探索的对象，进行所谓的“标杆管理”。曾经一度，全世界掀起了学习乔布斯经营哲学的热潮，就很典型地反映了这种思路。

不过，这种方式还是有局限性的。详细剖析那些成功的企业，深挖其崛起背后的经营哲学，这个思路本身并没有什么问题。然而，不管多么成功的企业都难免有没落的那一天，例如众所周知的诺基亚。诺基亚曾经是全球最具创新性的企业，被无数的企业模仿和借鉴，可是它最终还是从显赫的位置上滚落了下来。如果说诺基亚的成功本身就源自偶然的因素，那么人们如何才能找到具有必然性的经营模式？或者说，世界上根本就不存在这种模式？

我希望寻找一个能够很好地阐释经营模式的办法，而不要空谈理论。因此，我会尽可能地把自己在工作中所积累的经验，以及自己在经营一线上的见闻与感受，展示给大家。

在本书中，我将与各位读者共同分享，我在企业经营过程中所领悟到的经营哲学。

角色：像大脑一样分配权力

没有企业，就谈不上经营。作为企业的领导者，他对企业有着绝对的影响力。无数的历史事实告诉我们，领导者的领导能力对一个国家和企业的兴衰发挥着至关重要的影响。**优秀的领导者可以让员工心甘情愿地追随他，从而创造出优秀的业绩，并不断地为企业的未来创造发展契机。相反，平庸的领导者，不仅无法创造业绩，还会耽误企业和员工的未来。**作为领导者，其最重要的事情就是运营好企业，这是领导者的义务，同时也是职责所在。

领导者本身就存在差异，企业的整体情况、规模、经营目标、自身性质等也不同，因而对于企业的好与坏，无法设定单一的评价标准。即使是同一个企业，同一批人马，在市场行情极为火热时和市场行情异常惨淡时，其情况也是完全不同的。当然，如果一定要给出一个标准的话，我个人认为，“好企业”首先要具备以下三个条件：

- 员工有极强的主动性
- 员工彼此合作默契
- 当出现问题时，企业要能够迅速查找问题、解决问题

只有具备这三个条件，才可以称得上是比较理想的企业。这种企业真的存在吗？如果答案是肯定的，那么要怎样才能打造一个这样的企业呢？基于个人的经验，我认为，完全符合这些条件的企业实际上并不存在。企业的规模越大，它们距离这些极限条件的距离就会越远。**显然，人们都极度渴望能够缔造一家完美无缺的企业，而在这个过程中，所有人都希望通过一劳永逸的经营策略来实现这种渴望。**

几年前，在独自思考这个问题时，我发现了一个几乎符合这些条件的组织案例。无数蚂蚁组成了非常严密的群体社会，蚁后不必下达指令，工蚁们便会自觉地劳作、配合，从而形成了独特的分工体系。当群体中发生问题时，蚂蚁都能够迅速找出问题，

并解决问题。正是因为拥有这种惊人的组织能力，它们至今还保持着旺盛的繁殖力。

我曾想，蚂蚁群难道不就是最理想的案例吗？不过，我马上又意识到，自己的想法是错的。蚂蚁这种工作模式的目的就是维持自身生存，从古至今这一点都没变。虽然蚂蚁的个体进化了，但其分工模式仍延续着古老的传统。从通过进化不断强化自身力量的人类来看，蚂蚁群体其实被这种工作模式框死了。

后来，在寻找其他案例的过程中，我发现，或许人类的身体很适合用来类比完美的组织。我们的身体如同一个严密的组织，大脑居于核心位置，它负责思考并指使身体的各个部位和器官发挥作用。不过，仔细想想，大脑的功能和作用似乎并没有那么强大。大脑虽然管控身体的各个部位和器官，但从表面上看，它并非通过下达具体“指令”来控制人们的身体。

例如，当眼睛里进了异物时，大脑不会直接下达眨眼睛的指令，但人们还是会不由自主地眨眼睛，阻止异物侵入，或者流眼泪，避免异物粘到眼球上。当受了风寒而身体发冷时，人们通常会减少手中的工作，吃点药，睡上一觉；当遭遇劲敌或极度紧张时，人们会蜷缩身体或直冒冷汗。由此可见，大脑通常会根据外界环境的变化来判定危险情况的等级。如果出现危险，人们应该如何应对呢？是应该逃生呢？还是应该与之对抗呢？这时候就要靠大脑来做出决定。这便是人体的运作机制，经过了几亿年的进化，几乎趋于完美。当然，在动物身上也发现了同人类相类似的情况，但两者之间仍存在很大的差别。人类可以感知身体的症状，并找到治疗的办法，而动物却无法做到这一点。

那么这种差别是如何产生的呢？研究生物进化学的学者们认为，这是因为人和动物的大脑不同。作为器官的领导者，人的大脑和动物的大脑存在功能上的差异，人类拥有超强的适应能力，这是动物所无法比拟的。

企业的领导者必须“像大脑一样工作”。既然大脑无法直接控制整个身体和内脏器官，那么领导者也不要在下属做事时频繁地指手画脚。大脑对身体无须给出事无巨细的指令。

人类的大脑并非直接向身体部位和器官下达具体的指令，也不能直接治愈身体出现的症状，它只是能在第一时间获悉身体部位和器官出现的症状，并拿出解决对策。当身体出现异常时，大脑会决定到底是去医院，吃药，加强运动，还是减肥。它可以驱使身体采取对策，间接治愈身体上出现的异常。例如，当身体出现脂肪肝症状时，大脑会告知人们少喝酒、多做运动。大脑无法直接分解脂肪，但可以通过间接地控制人们的习惯，使身体得以恢复。针对具体情况，未雨绸缪，为以后做好准备，这便是大脑在整个身体中扮演的角色。

“大脑的功能和作用似乎并没有那么强大，并非每次都通过下达具体指令，来指挥身体部位和器官。”

如果将企业经营比喻成人的身体，那么企业的领导者必须“像大脑一样工作”，也要为了下属的未来，构建良好的工作环境和发展平台。在过去数百万年中，大脑经过了漫长的进化之旅，才具备了今天的功能。虽然领导者无法像大脑一样，经过时间的反复打磨，但也要为了做到极致而努力，通过向内部员工赋权，引领企业向前发展。

这里我想再举一个例子。医生提醒人们，要想保持身体健康，必须吃好、睡好，这是身体健康的基本前提。除此之外，人们还需要摄取充分的营养，将不需要的废物排出体外，注意保证睡眠。我觉得，企业经营也是如此。身体需要摄取充分的营养，健康的企业也需要优秀的人才。人的身体需要将废物排出体外，对于企业而言，当一些项目无法创造利益时，它也需要大胆叫停。不仅如此，充分的休整对于保持身体健康和增强企业活力，都是必不可少的。

我用身体做例子，说明了如何打造理想的企业和成为优秀的领导者。如果各位读者现在正在经营某个企业，或者担任企业的领导岗位，那么你可以试着问自己以下三个问题：

我是否扮演着大脑的角色？

我是否为员工搭建了平台？

着眼企业未来，我准备了什么？

差距：优劣的分野往往基于态度

很多领导者自认为，自己在公司中扮演着大脑的角色，但领导者究竟在多大程度上发挥了大脑的功能，这一点却是因人而异的。即便从事相似的项目，人们所取得的业绩也是千差万别的。为什么会这样呢？确实，每个人的天赋不同，但我认为，不同的原因更多地应该归结于每个人对待工作的态度。下面我将领导者对待工作的态度分为四种类型，并对这个问题进行详细阐述。

1. 主动出击型（Proactive）领导者

这种类型的领导者具有挑战精神，为了实现目标不断发起新的挑战。他不惧怕尝试新事物，大胆，有魄力。这种类型的领导者无论做什么事情都积极主动，永远都是先行者，当然，他也因此经常会品尝失败的苦酒。不过，这种领导者积极向上的工作态度，给企业会带来了活力，因此总能成为最受推崇的领导者类型。如果用人的身体来比喻，他代表了人体最正常的状态，只要保证劳逸结合即可。

2. 保守求稳型（Reactive）领导者

这种类型的领导者愿意用自己所学的知识和方法来处理工作。他们始终都更愿意跟在别人后面，做第一个追随者，进而尽量降低失败的概率。这种类型的领导者有时也会创造出佳绩，他的优点是不会出现大的失败。如果不断努力寻求蜕变的话，有朝一日他们很可能会成为主动出击型领导者。如果以人类身体来类比，这种人代表着亚健康状态，只要适当采取治疗，就可以恢复正常机能。

3. 被动应对型（Passive）领导

这种人始终被别人推着走。其实消极和领导是相互排斥的东西。领导者需要起带头作用，而消极应对型领导者始终被别人牵着鼻子走。由这种领导者管理的企业通常非常不景气，无论外界市场发生什么变化，他都不会受其影响。企业上上下下看上去都在努力工作，但业绩却怎么也上不去。因为没有发展，企业很快就会走下坡路。这种情况下，需要尽快更换领导者，这就好比身体的器官移植。

4. 消极怠工型（Defensive）领导

这种人一定是败坏企业的罪魁祸首，他只会推卸责任，怪罪他人，浑身都是负能量。这种领导者会让部门之间产生隔阂，让员工彼此缺乏信任。因为领导者总是愿意在别人身上找原因，所以企业内部常常弥漫着一种负面的能量。这种领导者往往会毁掉整个企业，要尽快免职。就像身体长了恶性肿瘤，必须尽快通过手术摘除。

我针对上述不同类型的领导者，与人类身体进行了类比，并找到了应对策略，我将其称为“4R 策略”，具体如下：

主动出击型领导者，要多“休息”。

保守求稳型领导者，要对其“再教育”。

被动应对型领导者，要换人。

消极怠工型领导者，要免职。

早在 19 世纪后期，东方就出现过这几种领导类型，并对历史进程产生了重大的影响。时代和历史的车轮滚滚向前，没落的朝鲜王朝却一直消极怠工，最终沦为殖民地。相反，早早接受西方文明、主动出击的日本则发展为新兴强国，在亚洲首先跻身发达国家行列。

使命：为企业设定新价值和存在意义

为什么很多人都愿意谈论一个话题：什么是成功的人生？成就什么样的伟业，人生才有价值？只要人活着，他就会不断地追求人生的价值。

人生的意义是一门学问，属于哲学范畴。就我个人而言，对人生价值这个终极命题，我还没有找到确定的答案。有时，为了生存，我就像一个不停旋转的陀螺，实在是无心也无力去思考这种哲学课题。更坦率地说，有时我也会扪心自问，我工作的目的是不是仅仅为了生存而已。因此，对于人生意义是什么，我一直寄希望于其他人能够给予我答案，因为思考人生毕竟是哲学家的事。

不过，我确实思考过："怎么才算成功的领导者。"当然，这并不是说我的人生有多么成功。只是一旦停止思考这个问题，我和我的员工就会陷入窘境，遭遇灭顶之灾。我周围的环境让我不得不去思考这一问题。我生活在一个现实的环境里，思维也沿着现实的轨道发展着。

从现实层面来看，领导者所谓成功的人生是不是应该归纳为“他取得了什么样的成就”？当然，成就并不是指积累了多少财富，或者荣升多么高的位置。当他创造了一般人无法轻易获取的成就时，这样的领导者通常被评价为一个成功者。那么，实现怎么样的成就才能够被称为成功呢？

在回答这个问题之前，我想先谈一谈，领导者要想创造出不凡的成就，应该拥有一种什么样的心态。这是我最开始担任部门领导者时的亲身感悟。那时，我每次向客户推销产品都困难重重。坦白地说，当时我刚刚接触销售工作，一切都是从零开始。有几次我甚至被别人当成了小商贩。三星电子当时开发的产品缺乏竞争力，我本人也是销售“菜鸟”，根本不懂得销售的窍门。每当遭受白眼，我都会扪心自问：“为什么不能让客户对我们的产品或技术感兴趣呢？”

后来我才明白，自己并没有向客户介绍他们希望了解的技术或产品，反而自以为是地说了一大堆。顾客来到商店要买红色衣服时，必须拿红色衣服给他看。如果服务员坚持拿蓝色衣服，想想看，顾客会喜欢吗？而我的做法就像这个蹩脚的服务员，简直是答非所问。我一直按照自己的想法不停地夸夸其谈，以为这就是营销。这正是我失败的根本原因。

后来，我去见客户之前，都要想一想："如何才能让客户对我们的产品感兴趣？"同时，我还会准备一些有利于营销的资料。逐渐地我明白了，无论做什么，都要学会换位思考，要站在对方的立场上思考问题。

再后来，我对待他人的态度也发生了变化，向上司汇报工作时，向下属布置任务时，在家里对妻子和子女说话时，我会首先考虑对方的立场。再到后来，我甚至会考虑："竞争对手的老总会如何算计我们呢？"我彻底养成了从对方立场上思考问题的习惯。因此，作为领导者，要想有所成就，一定要学会换位思考。

义务：维持企业"生存和发展"是及格线

作为企业的领导者，他的使命在于维持企业的"生存"和推动企业的"发展"。如果领导者只关注企业的生存，那显然是远远不够的；与此同时，如果他只追求发展，其实也会为公司的运营埋下隐患。优秀的领导者必须能同时把握这两方面的工作，在保证企业能够生存下去的基础上，探索发展之路，并通过持续的发展来巩固企业的生存能力。仅仅让企业活下去，显然无法成为领导者的使命。当然，有的时候，在短期内，让企业能够活下去确实是领导者的首要任务，但想成为"成功的领导者"，他的使命就不能仅仅局限于避免企业破产。从另一方面而言，如果一味地盲目追求发展，最终导致企业倒闭，那么奢谈经营就毫无意义了。对于领导者来说，生存和发展必须互为补充、相得益彰。

显然，企业不能只满足于苟延残喘，没有发展的生存只不过是走向衰退和灭亡的过程。这是生物进化的根本理论，世界上任何生命体都具有维系生命和繁殖后代的机制，蚂蚁如此，病菌也是如此。只不过在企业经营中，人们将这种繁殖的机制称作“发展”。因此要想管理好企业，必须为了生存和发展不断努力。生存和发展彼此互补，成功的领导者应该将二者视为企业经营的核心目标。

人们都不愿意毫无意义地在这个世界上走一遭。同样，企业也需要明确自己的存在价值，并致力于对世界做出独特贡献。因此，企业绝不能仅满足于生存和发展。生存和发展是一切生命体存在于这个世界上的普遍理由，即便小小的微生物也在为此努力着。切记，成功的领导者一定是对社会有独特贡献的人。

那么要在哪方面做出独特贡献呢？这里不需要高喊宏大的口号，比如，为了人类发展进步。不过，作为成功的领导者，当他完成领导使命后，应该在社会以及周边的人的心中留下一些印记。这可以被称为“新的价值”。**如果该领导者能够创造精神层面的价值，而不单纯是物质方面的成功或业绩，那么便可以说他实现了成功的人生。**

蚂蚁从 1.4 亿年前便开始在地球上生存和繁衍，生命力十分顽强。在这段漫长的岁月里，它们为了在地球上的每块大陆生存，足足分化出了 2.2 万多个亚种，这显示了其强大的生命力。不过，尽管蚂蚁一直为了生存而努力适应周围的环境，但与人类的发展相比，蚂蚁的进化幅度却极为有限。人类在保证自身生存和发展的同时，还创造出了各式各样全新的价值。

由此可见，真正成功的人，除了生存和发展之外，还要为社会创造价值，做出独特的贡献。作为真正成功的领导者，他应该“在保证企业生存的前提下，让企业不断取得发展，并为企业创造出新的价值”。

最后还要补充一点，新创造出的价值要有延续性，不能因为领导者的更替而消失，这一点十分重要。**新创造出的价值应该为企业的未来生存和发展奠定基础，成为一种传统或文化，由此而沉淀下来。**随着岁月的流逝，尽管企业员工会进行新老交替，但只要其追求的价值能够成为引领企业不断革新的动力源泉，那么该领导者便可以被称为真正成功的领导者。

未来本位：夯实企业生命力的立足点

什么样的领导者是最不称职的领导者呢？是不能尽职履责的

人吗？不，这种人根本没有资格成为领导者，即便他们因为特殊原因而爬上领导岗位，也应该迅速被撤职。

在评价领导者的品质时，一定要基于未来的视角。可以肯定地说，不称职的领导者一定会毁掉企业的未来。当某领导者卸任后，如果其所负责的企业急速走下坡路，那很大程度上，就是因为该领导者榨干了企业的未来。**作为领导者，切忌一定不要为了眼前的东西“毁掉企业的未来”。谁榨干了企业的未来，谁就是最不称职的领导者。**

很多领导者通常都身居高位，尽享一切权益，拿着丰厚的报酬，享受着他人的景仰和艳羡。在任职期间，他们会采取各种手段，让企业的业绩看上去光鲜亮丽。即便已经发现未来可能会冒头的危机，但为了凸显自己的业绩，他们不惜捏造事实，并在不必要的地方投入大量的时间和资金。然而，随着时间的流逝，一切都会原形毕露。当这个领导者离任后，企业便会陷入极大的困境。这样的领导者便是一个典型的失败的领导者，并且绝对不会努力培养自己的接班人。

他们只是一味地利用自己的下属来提高自己的业绩，而不会去培养和挖掘下属的潜能。我发现，有很多领导者为了稳固自己在企业的领导地位，通常会提拔那些没有资质的人做自己的接班人。在那些非常需要专业人才的工作中，这种情况更是屡见不鲜。

“很多领导者通常都身居高位，尽享一切权益，拿着丰厚的报酬，享受着他人的景仰和艳羡。在任职期间，他们会采取各种手段，让企业的业绩看上去光鲜亮丽。即便已经发现未来可能会冒头的危机，但为了凸显自己的业绩，他们不惜捏造事实，并在不必要的地方投入大量的时间和资金。”

评价一个领导者成功与否不能只看他的财产或声望，而要看他是否能够让组织持续生存和不断发展。他应该能创造出新的价值，并让这种新的精神价值成为连接现在和未来的纽带。不努力培养接班人，不设法为企业的未来树立精神价值，这样的人绝对不会成为成功的领导者。

持续进化：企业经营是一项无限性游戏

最后，我认为，作为一个领导者，其任内最重要的工作并不是千方百计地创造业绩，而是应该聚焦企业的未来，并用好人。引领未来是领导者的职责所在，因此用人也要有长远规划。

拿一个家庭来说，领导者就好比家庭中的家长，未来的人才是家庭中的子女。随着时间的流逝，儿女逐渐长大成人，家长逐渐走向年迈，但家长如果依然能够得到子女的尊敬和爱戴，那么我觉得这样的家长才是真正幸福的人。无论个人多么优秀，如果无法得到子女的尊敬和爱戴，也不是称职的家长。

总统是好是坏要由民众来评价，家长的好与坏则应该由子女来评价。同样，对于领导者的评价，下属最有发言权。多年以后，如果下属依然评价说，因为他当年做出了这样的决定，企业才能取得今天的成就，获此殊荣的领导者才是真正优秀的领导者。

还有一点需要注意，那就是作为领导者，千万不要有“在任期内把全部工作都做完”的想法。如果领导者表现出了这样的意图，那么企业员工便会目光短浅，只顾眼前利益。**一句话，成功的领导者一定要明白，经营企业是一项无限的游戏。想把全部工作做完是典型的有限游戏的思维，持有这种思维肯定会限制企业员工的潜能。**

远见：用“永恒变革”对抗“永恒危机”

如果外部环境一成不变，那么领导者或许可以墨守成规。如果没有来自外界的冲击或威胁，想必所有的生命体都愿意永远待在自己的舒适圈里。然而，现实情况并不是总是如人意的。世界上唯一不变的可能就是它永远处在变化之中，人们总是时刻面临着新的冲击和威胁。

任何企业所面对的外部环境都处于急速变化中，而且这种变化的程度在不断加强。消费者的喜好总是飘忽不定的，当先前没有的新产品和新服务涌现出来时，市场结构就会发生颠覆性的变革。与此同时，政策层面的变化也会引发很多严重问题。新的政策导向往往带来完全不一样的外部环境。另外，环境及自然灾害等问题如今开始变得日益突出，这些问题也属于外部环境变化。当然，这种外部环境变化通常是不受人的控制的。

每当外部环境发生剧烈变化时，企业经营者都会为寻求解决对策而绞尽脑汁。

如果无法阻止环境变化，那么就只能强化自己的适应能力。面对外部环境的急剧变化，很多人反应迟钝。他们只会在火烧眉毛的情况下，才被动做出反应。不过，那些真正优秀的企业经营者，通常会在事发之前便做好对策。即便与当下的业绩无关，他们也会对未来的情况进行预判，并提前做好应对准备。通过个人敏锐的洞察力、下属的汇报或者他人提供的信息，这些人往往能够提前发现变化的征兆。

为什么会有这种差异呢？为什么有的领导者反应迟钝，有的领导者却能够未卜先知呢？

丢手绢游戏：企业衰落的一般模式

资深的企业经营者总是希望在自己掌管企业期间，创造出丰厚的利润，进而让自己卓越的管理能力得到认可。在任期内，他们往往会把所有的精力都放在追逐当下的业绩上，尽可能地扩张能带来当期利润的业务。这就是很多资深企业经营者的行为方式。说得更严重一些，他们只顾收割所有现成的果实，而毫不关心为未来留下种子。他们一点也不在乎企业适应未来的能力，因为这要求他们推迟对眼前利益的收割。

小时候，人们每次去郊游时都会玩“丢手绢”的游戏。当其他小朋友把手绢偷偷放到你身后时，你一定要第一时间察觉到，然后迅速追上那个丢手绢的小朋友。

很多资深的企业经营者也会玩“丢手绢”这个游戏，说得更严重一些，他们是在“丢炸弹”。在炸弹引爆之前，赶紧将炸弹丢给别人，根本不管炸弹在别人手中是否会爆炸，只要在自己手中不爆炸就行。不仅资深的企业经营者这么干，大部分企业经营者其实都是如此，他们只要练就高超的“丢炸弹”技巧即可，根本无须畅想未来。

这样的企业经营者主要有以下三个特点：

第一个特点，对于外部环境的变化，他们采取了一味逃避的态度。外部环境在急剧变化，这种变化已经严重影响了企业的生存和发展，然而他们却全然不愿意睁开眼睛。这些人大部分在过去都获得过成功，他们沉浸于过去的辉煌，自我陶醉；面对外部环境的变化，他们更愿意闭上眼睛，并墨守成规。因为过去曾经成功过，所以他们认为没有必要求变。

第二个特点，对外界环境变化反应迟钝。这些企业经营者对外部环境的变化一点儿也不敏感，虽然有很多征兆表明环境已经发生了变化，但他们依然拖拖拉拉，而不是采取果断的措施。这种领导者显然很缺乏敏锐的洞察力。

第三个特点，对外界环境变化判断失误。这种人不是反应迟钝，而是面对变化乱做决定。在我们周围，这样的大有人在。我想，可能是企业最高领导者这把权力的交椅让他们迷失了判断力。

作为企业的高层领导者，其至少有一半的工作应该是分析形势变化，为充满不确定性的未来寻找方向。如果手头工作纷繁复杂，他们就会受到拖累，从而无法看到变化正向自己走来。作为领导者，一定要切记，如果仅沉迷于眼前的业绩，那么企业的前景便会暗淡无光。优秀的领导者应该永远保持清醒的头脑，放眼未来，时刻关注外部环境的变化。

比起现在，领导者应该更加关注未来。那么如何才能高效应对不确定的未来呢？拥有未雨绸缪的洞察力，这一点固然重要，但更重要的是，面对未来，领导者应该时刻牢记自己肩负的责任。领导者的眼睛里不能只是装着自己，对于那些与自己同呼吸、共命运的企业员工，自己同样有责任与他们共同迎接未来的挑战。

那么，着眼未来，迎接变化，领导者应该如何准备呢？

第一步，制定简单易懂的共同目标。

“很多资深的企业经营者也玩‘丢手绢’这个游戏，说得更严重一些，他们是在‘丢炸弹’。在炸弹引爆之前，赶紧将炸弹丢给别人，根本不管炸弹在别人手中是否会爆炸。只要炸弹在自己手中时不爆炸就行。不仅是资深的企业经营者这么干，大部分企业经营者其实都是如此，他们只要练就高超的‘丢炸弹’技巧即可，根本无须畅想未来。”

要设定一个目标，并告知企业员工。领导者首先要明确自己期待的目标是什么？然后还要取得下属的认同。要注意，目标不能过于复杂，难以理解。不要制定一些不可能实现的目标，要用最浅显、最明了的语言向企业员工阐述自己的目标。如果目标制定得过于复杂，那么每个人就会有不同的理解，进而导致偏离轨道。另外，目标过于复杂，每个人就会采用各自的方法去实现目标，这样就无法形成合力。因此最终目标一定要尽可能地简单易懂、清晰明了。

第二步，罗列出“哪些事情可以不做”。

事先要排除那些影响变化的因素。如果领导者感到变革势在必行，那么其企业可能已经在这方面开展了许多工作。意识到问题，才会寻求对策，越是能够意识到问题的企业，越是可能已经尝试了很多对策。在这个过程中，最重要的是列出一个单子，记下“哪些事情可以不做”。人们通常会把“要做的事情”罗列出来，而不去整理“那些可以不做的事情”。要想变革，首先要减少那些可以不做的事情，只有这样，人们才可以争取更多的时间去迎接变革。如果不把“这些可以不做的事情”去除，即使想推进变革，领导者也会因为没有时间而无法着手，因为他已经把时间浪费在没有用的事情上了。

要想迎接变革，还需要拥有更多的空间。如果企业员工的工作堆积如山，即使目标看起来再美好，他们可能也无法欣然接受。

每个人每天可分配的时间是固定的，每个人的能力也有一定的局限，很多人往往渴望变革，但忽视了时间和能力的限制。

无论一个人能力有多强，只要超过了自己能够承担的负荷，他也会一败涂地。因此，要想在有限的时间内，发挥最大的潜能，通过变革，让企业有一个美好的前景，一定要列出“那些可以不做的事情”，并告知企业员工。

第三步，分享成功案例。

要想实现目标，一定要将目标细化。要不断挖掘一些成功的案例，并与员工分享，这样员工就会知道自己应该朝哪个方向努力。尤其在刚开始的时候，与员工分享成功的案例，可以让员工对什么是成功达成共识。最好能定期与员工分享成功案例，具体次数可以根据当时的情况而定，但至少要保证一个月一次。只有这样，员工们之间才有动力寻求变革。

变革力：用实际行动赢得别人追随

虽然让员工追随自己并非变革的进程，但这也是领导者需要考虑的因素。要想实现变革，必须要有“连贯性”和“持久性”。很多领导者刚开始时一般会制定各种宏伟的目标，希望大刀阔斧地进行变革，可后来却不停地调整自己的目标，甚至在中途就放弃了自己曾经制定的目标。只有保持目标的“连贯性”和“持久性”，变革才能成功。有的领导者缺乏“连贯性”和“持久性”，于是只能依托外部机构的辅助，甚至专门聘请了相关专家，但第三者的意见只能作为参考，并不能完全听从，因为公司的命运必须由自己来决定。

另外，领导者一定要“以身作则”。在追求变革的过程中，如果领导者自己都不思变，那么员工们也不会认同他提出的变革目标。大家可能有所不知，员工们通常会根据领导的行为举止，判断是不是真的要追随这个人。**无数的事实证明，下属真正愿意追随的领导者，不是只愿意提出宏伟目标的领导者，而是能以身作则、愿意亲自为实现目标而努力的领导者**。因此，下属是否能够追随自己，其实主要取决于领导者自身的态度。

精力：从知识到智慧的跃迁

我因为供职管理层，所以有机会近距离地观察员工们是如何约束自己的。这对于我来说是十分宝贵的经验。以旁观者的角度看一个人如何发挥其潜能，这是一件很有趣的事情。当这个人自身成长时，企业也会随之发展，因此，我一直以一种很愉悦的心态去观察自己的下属，观察他们如何挖掘自身的潜能，如何成长。看着他们在企业所提供的平台上不断提高自己，让自己变得更加优秀，我也加深了对“人”的理解。

当一个人升到企业的最高领导层之后，他往往会竭尽全力做好自己分内的工作。没有人会偷懒耍滑，做事潦草。进入企业的最高领导层是对一个人的能力的认可，因此，这个人一定会努力工作，不辜企业对他的信任。

我的下属中也有人最终进入了企业的最高领导层，从他们身上我发现了一些共性。他们当中很多人，刚升职就开始延长工作时间。刚上任时，为了熟悉业务，加班可能是难免的。按理说，在短时间内，他们就会迅速恢复正常的工作时间。然而，这些人在任职期间却一直加班加点，延长工作时间。原本一天8小时的工作时间，他们逐渐会延长到一天10小时或12小时。最终，为了更好地完成自己分内的工作，或者为了创造出更高的业绩，他们开始夜以继日地工作，甚至牺牲周末的休息时间。他们可能觉得，公司的高层领导者理应如此拼搏。我想这是所有企业的共性。

时间瓶颈：满负荷工作很难提升能力

企业当然希望高层领导者能够创造佳绩。不过，业绩的取得取决于高层领导者的能力和努力。只有能力超群，刻苦努力，才可能创造出业绩。然而，遗憾的是，当上高层领导者后，其能力并不会马上提高，这需要一定的时间。正因如此，新上任的高层领导者往往希望通过延长工作时间，来扩大其所取得的成果的数量。

对于任何人来说，工作时间都是有限的，一般情况下，每天就是8小时。不过，有些人职位越高，越愿意加班加点，“从周一到周日连轴转”。很多人这样没日没夜地工作，最终搞垮了自己的身体。

多年以前，我刚进入三星电子的高层时，我原来的上司对我说："你现在是公司的高层领导者了，因此在职场和家庭中，得有一个取舍。"我的这位老领导几乎放弃了家庭，全身心地扑在工作上，周末也到公司上班，弄得下属连夏季休假都不敢提。

后来，晋升到高层的年轻管理者都熟悉了这种传统，但我对他们说："公司让你担任高层领导者，是希望你能够提高自己的能力，而不是希望你延长工作时间。"每天废寝忘食，24 小时连续工作，让下属们工作到深更半夜，第二天一大早又赶到公司开早会，这样的高层领导者并不见得就合格。韩国确实曾经流行过这种高强度的工作方式，但现在，它早就过时了。

高层领导者通常还有另外一个共同特点，就是愿意开会。他们认为，听取下属的汇报，多方了解各种情况和信息，可以提高自己的工作能力。然而，这完全是一种误区。**增加开会次数也许可以扩大自己的信息量，但这只不过是企业内部信息的内部转移而已，对整个企业和团队来说没有任何意义。**另外，如果认为，对于这种信息了解得越多，就越证明自己的实力强，那么就会让领导者骄傲自满。他们会认为自己是这个领域懂得最多的人，无视团队其他成员的意见，独断专行。作为高层领导者，其实更需要大量获取企业外部的信息，只有这样才能提高自己的能力。能力提高了，其所负责的部门才能够正常运转，才能为公司做出应有的贡献。

减法：完美就在于无可减损

领导者可以分为四种类型：聪明懒惰型、聪明勤快型、愚笨懒惰型和愚笨勤快型。

在大规模的企业里，最理想的领导者是聪明懒惰型管理者，他们很聪明，但有一些懒惰。他们对未来拥有敏锐的洞察力和英明的判断力，同时他们也愿意向下属大胆赋权。尽管这种领导者看上去有些懒惰，但却是名副其实的领导者。聪明勤快型管理者往往自己声名在外，但对企业或部门的发展并不能带来任何利益。这种人太勤劳了，什么事情都亲力亲为，这会导致下属无法获得成长的机会。

不过，针对中小企业，我认为最理想的领导者是聪明勤快型的。中小企业往往缺乏人才和资本，在这样的企业中，管理者必须是既聪明又勤奋的人。在韩国，几乎各行各业的企业领导者都勤劳过度，每天忙得不可开交。然而，作为企业的领导者，他需要更多的时间去思考，而不是用大量的时间去从事具体业务。我自创了一句英语“Brain Busy, Body Easy”，其意思是，要有一个冥思苦想的大脑，一个轻松愉悦的身体。那么，如何才能做到这一点呢？

首先，要缩减工作时间，只有这样才能有更多的时间培养自身的能力。要想做到这一点，应该罗列出“哪些事情可以不做”。为了赢得提高自身能力的时间，领导者应该精简工作时间，大胆去除不必要的事件。米开朗基罗等雕塑家在雕刻大理石时，首先要切掉那些没用的部分。法国作家、《小王子》的作者圣·埃克苏佩里也曾经说过这样一句名言：“所谓完美，不是指无可增益，而是指无可减损。”

很多人认为，知识越丰富，越会成为优秀的领导者，这种想法大错特错。**要想成功地当好领导者，专业知识当然必不可少，但随着职务的升迁，更重要的是智慧。**专业知识会随着时代的发展而变化，但智慧在任何一个时代都是亘古不变的。优秀的领导者一定充满智慧。

格의 발견
优势的缔造

领导者一定要爱读书

我个人觉得，读书是提高个人能力的捷径和秘诀。

一个人的洞察力来源于大量阅读、不间断地思考。在关键时刻做出重要决定的人，大多是热爱读书的人。那些阅读面极为广泛、间接经验非常丰富的人往往能做出英明的决断。读书可以扩大一个人关注的领域，提升一个人的思维深度，也可以让一个人更善于思考，更有判断力。在各种复杂多变的情况下，书中讲述的应对问题的智慧往往能给自己带来很多启示，提高自己的想象力。因此，世界上大企业的领导者均热衷阅读。

有的人想知道世界顶尖级的企业家都读什么书，自己也想从他们的书单中挑选几本来读，但这种想法是行不通的。每个人要有自己的观点，切勿人云亦云。一味模仿他人会妨碍自己做出合理的选择。我们可以模仿他们读书的习惯，但至于读什么书，那是个人的选择，不能千篇一律。

我不怎么挑书籍的类型，而且在读书时，也不是固定只读某个领域的书。我对各领域的书都有所涉猎，说白了，读得很“杂”。在我所有读过的书中，“进化论”方面的书籍给我的启发最大。有时我也读一些古典书籍，丰富人生智慧，但坦白地说，如果想完全理解书中的内容，必须深入了解过去那个时代，因此很难读懂、读透。

我之所以喜欢与进化论相关的书籍，是因为书中的内容大部分与生命体有关。生命体为了世代繁衍，会根据周围环境不断进化，这不仅实现了生存，而且还逐渐成就了更好的自己。通过阅读与进化论相关的书籍，我对企业经营也有了更深入的思考。在我看来，生命体的进化与企业的生存和发展极为类似。生命体通过进化来适应自然环境，企业则通过发展来适应社会环境。二者之间有很多共同点，因为任何生命体只有在最适宜环境的状态下才容易生存和发展。

除此之外，我也时常阅读经济、社会以及领导力方面的书籍。我感兴趣的领域很多，什么题材的书都愿意读一读。我还鼓励同事和员工们多读书。我的秘书曾经做过一个统计，迄今为止，我推荐给同事和员工的书籍大概有10000本。与我共事多年的同事说，到现在，我已经送给他们100多本书了。

那么到底我自己一年能读多少本书呢？秘书又帮我算了一下，平均下来，一年中我大概能读70—100本书。坦白地说，我虽然一年读70—100本书，但其中真正给我带来灵感的只有三分之一。这并不是说，我读的书有一些内容不太好，而是很多书内容虽然很好，但没有指导意义。因此，这样的书我只读50页就放弃了。当我拿起一本书，发现这本书不仅内容吸引人，而且还很有指导意义的话，我就会放慢速度，细细品读。这就是我读书的方式。

挤出更多的时间思考

书籍通过文字传达作者的经验和思想，有时可能表述得不是十分明确，如果能亲自与作者见面，亲耳聆听作者的思想，了解作者的创作意图，那再好不过了。

我十分重视与不同领域的人交流。通过见面和交流，可以了解他的人生故事。在这个世界上，每个人都有不同的生活方式，与不同的人见面，你每次都会有一些新的收获。人们的思维方式大不相同，通过与各领域的人交流，有时你会发现自己的思维方式太过于死板。如果有可能的话，我建议大家多与专家们交流。和他们见面，可以帮助我们突破思维的瓶颈，有益于我们做出正确的决定。因此，决策的制定者绝不能一个人在房间里闭门造车，而是通过与别人交流，与不同领域的人见面，才能够最终获得灵感。

通过大量阅读，经常与相关领域的专家交流，我们可以吸取有益的建议，形成自己的观点，并将这些观点运用到企业管理中。最近，很多领导者纷纷倡导多聆听一些人文学专家的讲座，但我觉得这些讲座只能提高个人的素养而已。

比尔·盖茨是全世界数一数二的企业经营者，他每年给自己空出一定的时间去阅读和思考。他将这段时间称之为“思考周”。因此说，职位越高，越应该提高自己的水平和能力，而不是延长工作时间。切记，要避免在琐碎事情上浪费的时间，应该把这些时间利用起来，去读书和思考。

决策：与不确定性的一场较量

未来充满了无数的不确定性，在通向未来的道路上，也会遇到诸多困难，我们应该如何预知未来，迎接挑战呢？企业经营就是与未来的一场较量。没有人可以预知将会发生什么。偶尔有人说，他们可以预测 10 年后的韩国社会和世界经济走向，我觉得这些人真是“勇气可嘉”。

拿我从事的半导体行业来说，我可以将今后 3 年的情况预测得八九不离十。虽然难免发生一些突发的变数，但毕竟工作有一定的连贯性和延续性，因此 3 年内的情况多多少少还可以预见。然而，如果要预测今后 5 年的情况，就要小心谨慎了，因为准确率往往只有一半，而且这已经是极限了。那么今后 10 年的情况会是怎么样的呢？我敢肯定，准确率几乎为 0。10 年前，我曾预测过半导体行业的未来，但未来充满了如此多的变数，今天的情况完全在我的预料之外。

以前，很多企业经常制订“10 年发展计划”，但制订长期发展计划本身就缺乏科学依据。一些未来学者，他们大胆预测未来，但很多时候，他们预测的结果仅为一己之见。在我看来，10 年之后到底会发生什么，根本无法预测。尤其是一些尖端产业或一些收益丰厚的商务领域更是如此，不能只凭预测去做生意。

未来如此多变，企业应该如何应对呢？为此，我很推崇 60%/40% 原则——针对未来将会发生的事情，首先只预测 60%，当这 60% 实现以后，再去准备和应对剩下的 40%，否则便很难应对未来的变化。未雨绸缪虽然会避免将来措手不及，但我觉得只设定 60% 足以。

一般而言，如果不遇到颠覆式的变化，企业的未来发展前景还是可以把控的。未来显然还是掌握在我们自己手中的，当然，要做到这一点，还需要通过自己的努力。那么，领导者应该如何判断，应该如何与时俱进地做出正确决策呢？在接下来的章节，我将详细探讨这一问题。

“偶尔有人说，他们可以预测10年后的韩国社会和世界经济走向，我觉得这些人真是‘勇气可嘉’。

拿我从事的半导体行业来说，我可以将今后3年的情况预测得八九不离十。虽然难免发生一些突发的变数，但毕竟工作有一定的连贯性和延续性，因此3年内的情况多多少少还可以预见。然而，如果要预测今后5年的情况，就要小心谨慎了，因为准确率往往只有一半，而且这已经是极限了。那么今后10年的情况会是怎么样的呢？我敢肯定，准确率几乎为0。10年前，我曾预测过半导体行业的未来，但未来充满了如此多的变数，今天的情况完全在我的预料之外。”

起点：一切决策都要从认清自己开始

前文说过，领导者是企业的决策者，而企业经营是一个需要不断做出决策的过程。

应该开展什么工作，不应该开展什么工作？

哪个位置上应该用哪个人？

应该辞掉哪个人？

应该在哪个项目上投资？

应该退出哪个项目？

……

为了做出正确的决策，领导者必须设定一个起点和一个终极目标，并在执行过程中不断摸索具体的操作办法。

首先看一下决策的整个流程。第一步，彻底分析当前的情况。例如，有两名学生，一名全校倒数第一，另一名全校第十，这两名学生所处的情况完全不同。全校倒数第一的学生就算上升到中游，对他本人来说也是很大的进步，而全校第十的学生，他的目标是要与前九名学生展开激烈的竞争，如果可能的话，最好能跃居全校第一。这就告诉人们，未来要实现什么目标首先要从自身所处的实际情况出发。全校倒数第一的学生不管怎么努力，都很难成为全校第一。

那么对于企业来说，应该如何做呢？首先，要冷静分析自己所属企业具有什么特点，现在的优势和劣势又是什么？如果不了解实际情况，一切目标都是空谈。因此，做任何决策都要冷静，并且要基于自身环境。

韩国的企业经营者普遍有一个共同特点——消息十分灵通。与世界上任何一个国家的企业经营者相比，他们会更加积极地参加公司早会，出席各种研讨会，对世界的发展情况了如指掌，比任何人都更了解业界的最新动向。面对“第四次工业革命”所开创的高科技时代，他们纷纷准备大胆投资尖端科技。然而，在我看来，这些人普遍对终极目标的期望值过高。大家虽然对第四次工业革命所启动的宏大场景欣喜若狂、跃跃欲试，但并没有认清自己的起点。

因此我觉得，首先要了解自己，了解自己从事的行业。要学会问自己：

- 我做出的决策会带来什么样的结果？
- 为什么要这么决策？
- 该决策是否会影响某些人，是否会影响企业的生存和发展？
- 这个决策到底是关于制造业务，还是服务业务，或者与两者均密切相关？

只有了解行业的具体情况，领导者在决策时才会有正确站位。领导者不仅要了解自己的潜能，还要对眼前自己所处的情况有准确的认识。只有事先认识清楚自己和自己所处的环境，然后再制定目标。目标有了，接着确定实现途径，进而开始制订工作计划和相关规定等。

可见，只有对自己的实际情况先做出冷静判断，认清自己的起点，才能够去设定终极目标。此外，在上述基础上，还要考虑“行业的特点”之后，再去思考应该采取的措施。面对未来，没有人可以未卜先知，然而对企业经营者而言，只要能履行了上述原则，一般就可以做出正确的决策。

取舍：“鱼和熊掌兼得”往往是幻想

在企业经营过程中，当情况错综复杂、当事人之间的利益存在冲突时，想做出正确的决策是非常困难的。这时需要全盘考虑，因为一旦决策失误，可能会给股东和员工，甚至给自己带来重大损失。决策者要想做出正确的决策，必须要遵循以下几项基本原则：

原则一，三个臭皮匠顶个诸葛亮。

切忌独断专行。很多人登上领导岗位后，往往会变得独断专行，因此一定要多加注意，要学会虚心倾听周围人的意见，多查阅一些参考资料，不要草率地做出决定。

在企业经营过程中，做重要决定时一定要沉着冷静，学会利用集体的智慧。因为相比个人闭门造车，经过多方碰撞产生的意见往往更具参考价值。要做出的经营决策涉及具有普遍性的问题时，尤其要先咨询大多数人的意见。只有大多数人都有此需求，由此诞生的新产品和新服务才有存在的根基。另外，只有多方都参与其中，在工作过程中，他们才会自然而然地思考如何提高产品或服务的效率。切记，三个臭皮匠顶个诸葛亮。广泛征集大家的意见，一定会比个人闭门造车所捣鼓出的决策更加切实可行。

一定要避免独断专行。这一点我已经反复强调过多次，作为领导者，在做决策时，一定要采取一种放权的姿态。领导者只有胸怀宽广、思维开阔，才能做出更加合理、更加有效的决策。除此之外，近来广泛使用的大数据也可以协助领导者做市场调查，为决策提供具体数据，进而提高效率。在做决策时，领导者必须具备的首要条件便是，拥有广阔的胸襟和宏大的格局，能积极参考集体智慧。

原则二，心急吃不了热豆腐。

优秀决策者的第二项必备条件是，保持身心愉悦、精神放松，经济上比较富足，时间上足够充裕。如果面临各方面的巨大压力，那么所有人注定都无法做出正确的决策。当压力过大时，人的目光会变得短浅，因此任何时候都要保持平和的心态。

保持身心愉悦有助于个人健康。要改变酗酒、吸烟以及不规律作息等损害健康的生活习惯。在身心不健康的状态下，人是不可能做出最佳决策的。

为了精神愉悦，领导者要努力淡化工作之外发生的不愉快事件对于自己的影响。家庭、亲戚、朋友以及其他方面出现的状况通常会牵扯人们很多的精力，从而使领导者无法拿出更多的时间投身工作。因此，保证家庭和睦至关重要，所谓家和万事兴就是这个道理。

不仅如此，经济上比较富足也十分重要。一个人一旦陷入严重的财政危机，他就很难做出正确的判断。为了解决棘手的经济问题，往往他就会选择有利于自己的决策。

此外，时间上足够充裕也很重要。对于企业经营者来说，他们面临的最大的难题就是时间不够用。有时需要立即做出决策，然而越是重要的决策，越需要充裕的时间仔细思考。时间是最好的良药，它不仅可以稳定情绪，还可以让领导者梳理思路，沉淀自己的思考。

原则三，鱼和熊掌不可兼得。

在做决策时，企业经营者最先应该考虑什么呢？首先，在做决策之前，要考虑一下，自己将做出的决策是否会牵涉公司的命运或影响公司的当期业绩。换句话说，首先要判断，自己将做出的决策关乎企业的存亡，还是仅仅涉及企业的当下业绩。

如果将要做的决策关乎公司的生死存亡，那么就要动员一切力量，务必要做出最佳选择。如果是与企业的当下业绩相关的决策，那就要从长远的角度来考量，如何尽可能降低损失，或提升业绩，并改善业绩构成。

在企业经营过程中，领导者往往会遇到一些左右为难的情况。到底是要建立长效发展机制？还是立足现实，大力提高企业的当下业绩？这些问题常常让领导者很困扰。是应该变中求稳，着眼未来，为未来奠定坚实基础？还是应该乘胜追击，先把眼前机会所带来的利益完全吃干净？这永远是摆在领导者面前的一对矛盾问题。

一般情况下，大部分经营管理者们都想鱼和熊掌兼得——在提高当下业绩的同时，让公司在未来拥有更广阔的发展前景。然而，我并不认为这种想法在企业经营中是一种明智的选择，世界上没有这种二者兼得的好事。

一方面要扩大当下业绩，另一方面还要为未来做好一切准备。带着这种幻想去做生意，一定会陷入“过度竞争”。如果创业那么简单，既能保持眼前的业绩，又能维持长久稳定，那么无数人都会争先恐后地投入创业大潮。现实中很多人都奉行这种“红海战略”，既想保持当下利益，又想保证未来的长久稳定，因此，竞争十分激烈。

我希望经营管理者们不要被眼前的乐观局面所迷惑，忽视了未来潜在的危险。即便在短期内取得了十分优秀的业绩，但如果满足现状，也很容易丧失继续前进的动力。满足现状是导致未来停滞不前的最大障碍。

企业在未来会如何发展，一切都是未知数，用实实在在的真金白银去投资这种不确定性，这种局面确实很考验人。现实生活如此安逸、太平，很少有人愿意为了未来，牺牲掉眼前的东西。任何人都愿意待在舒适区，而不是在痛苦和危机的泥潭中挣扎，这就是人的本性。“一分耕耘，一分收获”，任何的成功都伴随着一定的痛苦，做决策亦是如此。

为了企业的未来而选择某些项目，其前景很多时候并不明朗，甚至有可能会出现一些不好的结果。领导者一定要敢于承担一切后果，不回避责任，这是义务。领导者不能满足现状，要永远着眼于未来，有时要有做出艰难决定的胆识。**领导者永远是孤独的，这是他的宿命，也是一种必然。**

초격차

第二部分

组 织

架构图：目标可执行化的第一步

新成立部门和企业的领导者总是喜欢先畅谈自己的目标，换句话说，就是提出所谓的未来规划。其实，这时候，领导者对新部门或新企业的情况并未完全了解，比如部门的实力如何，员工和设备处于什么状态。这些目标往往非常宏大，比如 10 年内成为行业世界第一，5 年内销售额达到万亿韩元。一般越是被公认为有能力或名声在外的领导者，就越喜欢谈论自己在未来某一段时间所设定的目标或规划。

领导者要想自己打造一个成功的组织体系，必须要对当下进行客观、准确的判断，明确想要达成的最终目标。领导者能否准确地设定最终目标，取决于其洞察力。他要想达成最终目标，则需具备卓越的决策力和执行力。当然，为了今后的工作能顺利进行，领导者还应将自己设定的目标告知所有的员工，听取员工们的反馈，经过反复修改，形成整个部门共同的目标。这就是整个过程的第一步。

草案：领导者必须主导组织的设计

要想达成最终目标，首先要做好人事方面的安排。一个企业的人事安排通常由小组组长、部门负责人、高层管理者负责，他们会根据人事部门设定的组织架构图来把握整体情况。领导者本应该主动思考："企业已经设定了共同目标，应该打造怎样的组织才能更好地实现这个共同目标？"然而，在现实中，大多数领导者都是以人事部门事先制定好的组织架构图为依据，来决定企业的运营体系，换句话说，他们只是考虑在哪个位置上应该用哪个人，从来不考虑要重新规划组织架构图。这种做法其实并不利于企业的发展。

在组建团队的过程中，领导者掌握着主导权和决定权。在这里，可以提几个需要领导者决定的事项。"我们的目标是一定要取胜，还是只进入决赛就可以？"目标不同，选派上场的运动员也会随之不同。如果国家队的足球教练不亲自组队，一味听从足球协会的安排，最后会怎么样呢？显然，对于任何领导者而言，其团队的人员构成都应该由他自己来决定。

“在现实中，大多数领导者都是以人事部门事先制定好的组织架构图为依据，来决定企业的运营体系，换句话说，他们只是考虑在哪个位置上应该用哪个人，从来不考虑要重新规划组织架构图。这种做法其实并不利于企业的发展。”

部门划分和人员的构成，这是缔造一个组织最核心的工作。首先要根据组织的目标，考虑需要哪些部门，然后大致拟定一个“组织架构图”。如果这一步做不到，就证明第一步就出现了问题，即不了解组织的现状和今后的发展目标。因此，组织架构图必须由领导者亲自制定，不能委托人事部门或企划部门负责。领导者在制定完“组织架构图”草案后，应该将草案交给人事部门或企划部门，听取后者的意见。切记，最初的组织架构图草案一定要由领导者亲自制定。

之所以称之为“草案”，是因为领导者所制定的并不是最终的组织架构图。虽然领导者是第一起草人，但还是需要围绕草案征询更多的反馈意见，并进行修改。那么组织架构图应该如何草拟呢？

部门名称：名称越明了，作用越清楚

制定组织架构图时要注意，部门名称不能太过于花哨，应该尽量简洁明了。无论是公司的员工，还是同一领域其他公司的人，一定要让他们一看就能明白这个部门的作用和所从事的具体工作。

在和别人互相交换名片时，大家偶尔会发现一些模棱两可的部门名称，搞不清楚它们具体负责什么业务。我曾经接到过一张名片，上面写着“价值创新部”。这个部门名称固然很好听，但我实在不明白该部门到底要创造什么价值，具体在哪方面创新。于是我问了他本人，结果连他自己也不清楚。我还去过一家企业，员工们大部分都是博士，每个人所负责的部门的名称十分花哨，听上去很时髦，但具体做什么，实在让人费解。我只好问他们的员工，结果员工们也觉得部门的名称与自己的工作无关。因此，我曾警告过我的员工：“如果理发店不叫理发店，叫‘头发管理研究所’，那还会有客人来吗？”说句玩笑话，我觉得那些部门都应该把名字改为“中央情报局”，因为中央情报局做的事情一定是“别人不知道的事”。

部门职能：从源头消除组织内耗的隐患

部门名称确定后，接下来就应该厘清各部门的职能，明确责任。当然，想完全明确每个部门、每个负责人的职能和责任，那也是不现实的，但无论如何也应该有一个普遍适用的标准。

如果部门负责人或企业老总疏忽了这个过程，那么在往后的日子里部门间就很容易滋生矛盾，相互推卸责任。更有甚者，某些组织架构图上的部门会置身于业务流程之外，彻底成为某种摆设。

明确部门职能和责任时，应充分考虑层级问题。一个组织中一定会设立纵向的机构层级，机构层级的数量与部门数一般成反比。部门数量增加，层级数量就会减少，当然，这会导致各部门的员工数量大大增加。在一般的组织架构图中，决策由各部门负责，一般按照“起草—审查—批准”的顺序。然而，在实际中，决策往往需要经过很多部门的协商才能最终决定下来。

通常情况下，组织结构最好是水平的，层级不宜过多。因为水平的组织结构可以确保上下级之间顺畅交流，及时接收反馈，并迅速做出决策。这对于初创企业等小规模组织来说比较理想。不过，如果组织规模较大，直接向上级汇报工作的部门数量就会大幅增加。因为汇报的部门数增多了，所以一个上司需要听取几十名下属的汇报。原本这种水平的组织结构是为了高效决策，但实际上却更加拖延了决策的时间。

每个人情况有所不同，但根据我个人的经验，一个上司最多只能接受 20 人汇报工作。如果个人能力突出，组织结构又规划得很好，那么这个数量可以增加到 30 人。**我个人认为，在组织架构图中，没有必要刻意制定水平的组织结构，只要确保组织成员的意见可以快速高效地传达给最高层领导者即可。**

组建一个组织，还要在部门之间或部门内部确保责任均衡，做好责任核查。简单来说，某个人或某个部门做完一项工作，一定要让其他人或其他部门负责核实，且整个过程必须公平公正。

很多企业开发部门推出产品后，往往只是自己进行评价；采购部门买完商品后，也只是靠自己核查采购过程是否公正，这些都存在一定的问题。明确责任均衡、做好核查并不是为了相互牵制、监视彼此，而是为了听取其他部门所提出的好建议，防止习惯性地忽略自己的错误。如果只能靠自己部门内部进行评价，那么一定要分清楚开发者和评价者。

到这里，第二步——拟定组织架构图的工作就完成了，下面将介绍第三步。

部门负责人：一定要避免因人设岗

经过上述步骤后，领导者将大体掌握公司的客观情况，并能够拟定公司的组织架构图，确定各部门的名称及明晰其职能和责任。不过，在拟定的组织架构图中，负责人那一栏还是空着的，因此下一步就要确定各部门负责人的人选。

切记，“要先制定组织架构图，再确定人选”，顺序十分重要。如果组织架构图已经拟定好了，但没办法马上找到合适的部门负责人，这时候该怎么办呢？可以先找一个人暂时兼任，但职位必须要保留。因为管理一个大的单位，各种事情纷繁复杂，很容易忘记之前的决定。如果删去了组织架构图中的空缺职位，很容易忘记继续寻找这个职位的合适人选，因此必须有意将空缺职位保留下来。

“很多企业在制定组织架构图时都是因人设岗，当某个人能力出众，或者有领导者十分看重的人时，经常会发生这种事情，但这样做万万不可。如果在制定组织架构图时因人设岗，那么很容易破坏职能和责任的规划，出现机构重叠的现象。例如，因为聘请到了一名能力出众的记者，就赶紧新设一个目前并不需要的宣传部门，让他担任该部门负责人，这样做很不利于企业的发展。”

很多企业在制定组织架构图时都是因人设岗，当某个人能力出众，或者有领导者十分看重的人时，经常会发生这种事情，但这样做万万不可。如果在制定组织架构图时因人设岗，那么很容易破坏职能和责任的规划，出现机构重叠的现象。例如，因为聘请到了一名能力出众的记者，就赶紧新设一个目前并不需要的宣传部门，让他担任该部门负责人，这样做很不利于企业的发展。领导者应根据企业情况，先确定是否有必要设立宣传部门，然后再去招聘有能力的记者来担任该部门负责人。

影子计划：用应急方案来培养未来人才

我想再重申一下，我们究竟为什么要拟定组织架构图。所谓“草拟”，一方面是说它并不是“最终的组织架构图”，另一方面还表示领导者在最终决定之前已经对这一组织架构图进行了反复的思考。

每年八九月，我都会制定三星电子第二年的组织架构图。半导体行业的发展趋势急剧变化，竞争越来越激烈，所以必须每年制定新的组织架构图，为企业注入新活力。**提前草拟一份组织架构图，可以将产业发展趋势和对身边人才的评价结合起来，起到一举两得的效果。**

如果可能的话，尽量同时草拟两份，一份“A 计划”，一份“B 计划”，以应对突发事件。部门负责人突然病故，或者突然被调到其他部门或子公司，都会给组织架构带来一定的混乱，这种情况下就需要启动“B 计划”。此外，在制订“B 计划”的过程中还可以逐渐培养未来人才。因此“B 计划”并不只是应对突发事件的一种手段。

关于选人标准，我可以举一个更加现实的例子。在草拟的组织架构图中，领导者经常会遇到某职位的候选人实力相当的情况。这时候，他必须要考虑两点。

第一，要听听人事部门对这两位候选人的评价，也就是听取其他人的意见。虽说是草拟组织架构图，但也不能完全以自己的判断为依据。我一般主要关注，其他人对候选人的性格和品行的评价是否与我的评价有出入。

第二，综合考虑该职位本身的要求和现实情况。即便两位候选人能力与阅历相当，如果肯仔细辨别，肯定会发现其中某一位比另一位更胜任。比如，企业刚成立时，应选择适合这一阶段要求的人选；当企业逐步稳定下来后，应重新确定人选。如果是电子企业，最好选择有工作热情的人，当然专业知识和经验也很重要。以我的经验来看，在企业刚成立或者部门面临不小风险的情况下，性格外向且充满工作热情的人更加能胜任。

指标设置：每年的关键性指标不要超过三个

上述工作停当后，接下来，领导者就应该着力思考，如何让草拟的这份组织架构图实际运转起来，如何让其更具活力。与此同时，领导者还需要制定对职能与责任进行衡量的各种指标（index）。对于企业运营而言，制定指标是重中之重。

如果想看各部门是否按照预期计划运作，我觉得最好采用“指标”来判断。当然，即使是企业的最高领导人，他也无法制定所有部门的指标，因此这项工作可以交给各部门负责人来完成，他只负责管理和监督。因为职能与责任的标准已经完全细化和明确，所以各部门会在此基础上制定出相应的指标，确保部门取得最大成果。

如果没有指标，不仅无法明确组织的运转情况，也无法判断个人或部门的表现。当然，指标本身一定要具有公正性，只有如此，各部门才会自觉地围绕它开展工作，并接受基于这些指标的评判。对于部门制定的执行评价功能的指标，高层领导者应该检查其包含的项目数量和目标值是否公允。

例如，制造部门的指标中包括生产量、工期、良品率、质量、设备运转率、投资收益率等许多项目，但领导者在制定指标时，最好不要将这些项目全部收入，如果全部涉及，那就等同于强迫学生同时学好语文、英语、数学、音乐、美术、体育等课程。我个人觉得，每年只要选择两三个能够实现最大收益的项目即可。此外，领导者还应一一确认各指标的目标值是否难度太高，一般情况下，三星电子会将员工们容易达到的目标值作为评价指标。

接手三星电子后，我所采用的是三星文化指标（三星文化指数）。这一指标可以通过准确的数字得知三星电子所有部门的满意度、对企业的自豪感以及企业是否公正等。为了调查部门员工对三星电子的信任度、自豪感和幸福感等，我设计了一份 5 级量表问卷，共 70 多个问题，选项从“非常不好”到“非常好”。例如：

· 即便上级没有明确指示，我也会主动做好工作。

· 我们部门注重工作完成的质量和结果，而不是工作时间，因此受到一致好评。

· 我们部门员工相互尊重彼此的工作技术和想法。

· 我为在我们部门工作而自豪。

· 我的上司尊重我的意见。

· 我们公司的人事考核非常公正。

这一调查问卷要求全体员工共同参与，采取不记名回答的形式。因为几乎所有人都会参与，所以上司根本无法伪造结果。问卷中显示出的指数，即统计结果，可以马上应用于企业经营中。

根据统计结果所呈现的分数，人们可以看出上司的管理能力。这个分数直接反映着员工对各部门负责人的评价，因此各部门负责人会更加重视部门管理。

反反复复强调“做好部门管理”，其作用远不如制定公平的评价指标，后者更有利于企业的发展。如果某个部门的三星文化指标提高了，那么便可以证明该部门管理得比较好。虽然这种方式并不是万无一失的，但作为企业管理评价指标来说，确实是一个比较好的方法。

部门领导制定完指标，并向员工公布后，接下来就要避免出现“谷仓效应”。部门之间的官僚主义、专制主义以及利己主义等倾向会导致企业内部出现谷仓效应。破除谷仓效应最有效的方法是每三四年更换一次部门领导，周期性更换部门领导能有效规避这一问题。

经营一家企业，一定要使各部门具备预防危机事件的能力。要确保信息通道畅通，各部门之间能迅速反馈和自由交流意见。

反内耗：清理组织内的各种割据势力

托尔斯泰在《安娜·卡列尼娜》开篇就说：“幸福的家庭都是相似的，不幸的家庭各有各的不幸。”其实，所有的企业、所有的组织都符合这一表述。在本书第一章中，我跟大家探讨了亏损企业的问题，在不幸的公司，每个成员都有不同的问题。如果你问他们，为什么你的企业会出现亏损，他们会给出不同的解释。到底是为什么呢？是因为许多问题混杂在一起导致部门接连亏损吗？还是亏损部门的所有员工彼此心不齐呢？对此，作为领导者应该采取什么对策呢？

所有业绩差的部门或企业都有一个共同特点，那就是“谷仓效应”给部门或企业带来了严重的危害。业务部门和人力资源部门彼此分离，像两个大大的谷仓，交流仅限于各谷仓内部，与其他谷仓内的业务部门或员工没有任何沟通。

不幸福的家庭不也是这样吗？在不幸福的家庭中，夫妻之间没有交流，他们各自看电视、玩手机，孩子也躲在房间中独自玩游戏。家人之间没有沟通，也就没有了亲密的情感交流。那么相反，幸福的家庭是什么样呢？他们通过沟通来交流和培养感情。

那么，怎样才能改变像谷仓一样闭塞的企业结构呢？高喊口号，号召部门间多交流没有任何意义，这就和劝那些不幸福的夫妻相互敞开心扉一样，毫无用处。这些夫妻早就知道他们的问题是因为缺乏沟通和交流，同样的道理，亏损企业的员工也明白出现赤字的主要原因在于缺乏交流。然而，问题在于，他们明明知如此，仍然不愿交流。

针对这种情况，我有一个绝招，就是将谷仓中的人，尤其是其负责人互相调换，换句话说，就是让他们轮流担任各谷仓的负责人。轮流调换的时候，不让他们事先知道自己会去哪一个谷仓，这样就可以破解谷仓之间彼此封闭的结构，促进交流。

轮转：强制性地疏通内部沟通渠道

谷仓内也有其自己的一片天地。假设事先已经有了“开发谷仓”“制造谷仓”“市场营销谷仓”，各谷仓的负责人就好像独立王国的国王，他们将与其他谷仓的交流全权交给下属，自己端坐在最高宝座之上“君临天下”。他们分别是“产品开发之王”“制造之王”“市场营销之王”，对自己拥有的一切极为满足。一旦有员工向“产品开发之王”提出与他不同的开发意见，他便会认为这是对其王权的挑衅，然后大发雷霆：“你闭嘴，那些我以前都试过了！”

从某种程度上讲，他说得也没错。他长期在“产品开发谷仓”中工作，是当之无愧的“产品开发之王”。面对这种情况，我只能采取极端的方式，只有给他沉重的打击，才能破解谷仓的闭塞，废除他的“王权”。

那么我究竟采取了什么方法呢？我将“产品开发之王”调到“制造之王”的位置上。通常我会迅速发布调令，让他本人措手不及。面对突如其来的岗位变动，“产品开发之王”一定会惊慌失措，因为他虽然被推举为“王”，但只不过是“产品开发部门”的“王”而已，对于制造一无所知。因此，成为新的“制造之王”后，他不得不开始听取“制造谷仓”中的下属的意见，不得不进行交流。

这种突然袭击式的岗位调动还有一个好处，那就是每个人永远不知道自己什么时候会被调任到哪一个谷仓，因此，各谷仓之间不得不开始事先交流信息，开发、制造和市场营销之间打开了沟通的渠道，逐渐开始乐于与其他部门展开合作。据我观察，如果不采取这种方式，那么各部门之间的沟通渠道从来都不会自发开启。

“谷仓内也有其自己的一片天地。假设事先已经有了‘开发谷仓’‘制造谷仓’‘市场营销谷仓’，各个谷仓的负责人就好像独立王国的国王，他们将与其他谷仓的交流全权交给下属，自己端坐在最高宝座之上‘君临天下’。他们分别是‘产品开发之王’‘制造之王’‘市场营销之王’。

那么我究竟采取了什么方法呢？我将‘产品开发之王’调到‘制造之王’的位置上。通常我会迅速下发调令，让他本人措手不及。”

当人们处于自己的舒适区时，绝对不会想要变革，他们只想继续待在现有的谷仓中，因为这样，才会更舒适。因此，只有采取强制手段，才能让他们做出改变，作为领导者，在必要的时候，一定必须大胆地采取一些强制性手段。当然，其中也有例外，好奇心重的人即使不受外部强制力的推动，也能主动做出改变。作为领导者来说，能遇到这样的下属是一件极其幸运的事，但这样的人毕竟只占少数，而且那些人力资源部门比较弱的中小企业也很难采用这一方法。不过，我还是建议，在条件允许的情况下，可以在几个部门之间尝试这一方法。

拆除舒适区：让所有管理者重新“回炉”

我曾经遇到过这样一件事。有两个不同部门的负责人在每件事上都会发生冲突，他们不仅相互推卸责任，而且干脆不交流，彼此对立，所以我让人事部经理调换了他们的职位。此前一直针锋相对的两位负责人突然转换了立场，不得不开始打交道。从那以后，两个部门之间的矛盾化解了，最终成为互助合作的伙伴。这段经历让我明白，努力理解对方何等重要。

虽然人事上的互调可以打破谷仓之间的闭塞，但它成功的概率大概只有 1/3。有 1/3 的人被调任到其他谷仓后，能很快适应新环境，并干出一番业绩。还有 1/3 的人要花大概一年的时间适应新环境，对于这样的人，领导者应该耐心等待。剩下的人则不会产出任何业绩，虽然很遗憾，但只能忍痛让他们离开。

迄今为止，我接手过无数亏损部门，因此曾多次不得不辞退某些人，但即便如此，也从未有员工表现过不满或提出反驳。因为谷仓之间的岗位对调，可以使员工们清楚地认识到自己的缺点与不足。他们在认识到自己的不足之处后，为了企业的整体利益，一般都会心甘情愿地辞职。

有的人能够克服自己的不足，进一步提高自己的业务水平，而有的人却不然。虽然很不舍，但为了企业的整体利益，只能辞退那些无法提升自己的人。在培养后备干部时，我也大概每 3 年会进行一次谷仓之间的人事调换。当然我的这个权力也不是从一开始就有的，直到就任三星电子会长后我才开始尝试实施这一人事政策。

很多人可能觉得这种方法会影响机构的稳定。领导者们都希望维稳，因此只要会影响到机构的稳定，就不愿意冒风险去尝试。我曾经也是如此，但后来我就不再那么保守了，开始大胆尝试岗位调换，其效果也十分理想。

我有许多下属，就是在岗位调换过程中成长起来的，而且后来都成了三星电子或其他公司中出色的领导者。因此，如果你想让谁成为一名真正的领导者，我建议你一定要让他接管亏损部门或新成立的部门。

企业内政治：要坚决开除唱反调的人

岗位调换多半都是非正式的人事政策，因此肯定会有人反对。机构内部改革很多时候都会受制于所谓的“企业内政治”，而且总有一些人公开或私下唱反调。

他们提出，这种人事政策会影响稳定，是无视企业传统的表现。每当遇到这种论调，我都会选择正面回应。对于有人公开或私下指责我，我从不回避或简单应付，一定要把问题解决了才肯罢休，否则就很难发挥领导力。企业在公布重大决定后，如果有人公开或私下反对，一定要坚决地开除他们。在事关组织的未来命运时，领导者必须要表现出雷厉风行的行动力。

在做某些重要决定时，领导者还应该要考虑，如何树立自己的形象。我虽然破除谷仓，强制执行岗位调换，但在员工面前却从不会表现出威严的一面。我从不大声或在公共场合责骂员工，行为举止方面很低调。在处理工作和待人接物方面，我总是尽量做到滴水不漏。

在这个世界上，有很多企业都是昙花一现，而那些事业有成的人也会经历失败。迄今为止，我做过三星集团很多部门或子公司的负责人，有的部门或子公司喜欢投机，只专注短期利益，这种组织注定不能长远。**随着经营年限的增长，企业不仅应该提高业务水平，还应该积累知识，只有实力强、知识储备丰富的企业才能走得长远。**

因此，每当我接手一个新部门，我都会首先努力改变该部门的气氛，布置新任务。我会制定一个很高的目标，让全体员工为了实现这一目标，不断提升自身能力，扩大知识储备。有的时候，我甚至会设立一个遥不可及的目标，将员工们逼上绝境，我的这种经营方式看起来很莽撞。不过，这种遥不可及的目标一般都不是短期的，在努力实现目标的过程中，无论是员工，还是企业都会得到发展。

每次提出遥不可及的目标时，大部分员工的第一反应都是它根本不可能完成。这样的反应当然是情有可原的，但这时领导者不能先给出解决方案，也不能急于解释这样做的意图，应该说："是的，我也承认。正是因为它看起来不可能完成，才让你们去做，如果是任何人都能做到的事，我就不会交给你们来完成了。"

这些话听起来就像是一种鼓励，但其实是将他逼上绝境的一种策略。一个人只有被逼上绝境，才会思考创新的点子和新的解决对策。"穷则变，变则通"就是这个道理。

有一点需要注意，布置短期任务时不能用这个方法。"将人逼上绝境"这一方法只适用于难度大的长期任务，在短期任务中

采用这个方法会产生副作用。因为在短期任务中如果将其逼上绝境的话，他会干脆放弃，或跳下悬崖。领导者要做的是救人，而不是害人。

金妍儿是一名十分出色的花样滑冰运动员，但纵观整个韩国的花样滑冰界，除了金妍儿，就没有什么名人了。在落后的体系中，往往只有个人会受到瞩目，因此韩国花样滑冰界中只有金妍儿一枝独秀。在组织机构中也会遇到这样的现象。

只想着投机的企业总是追逐短期解决方案。然而，企业想要有长远的发展，就必须储备多种解决方案。只专注投机的企业，往往会出现明星，就像韩国花样滑冰界中的金妍儿。

有时，韩国商界到处宣称某企业出了个“领导力大师”，也属于这种情况。“大师”往往像明星一样吸引了绝大多数人的目光，但因为要独立完成很多工作，所以忙得不可开交。因为只有他自己才知道解决方案，所以既不能准时下班，也不能休假。他必须从头至尾亲自处理所有工作才能放心，慢慢成了一个工作狂。读者朋友们，你是不是也是这样呢?

基本法：让所有人有明确的行动指南

在企业经营的过程中，领导者的决策可以在一瞬间决定企业和员工的命运。在本小节中，我将结合个人的经验来谈一谈组织共识及其对企业的影响。

首先，决策过程中最重要的是要制定一项基本原则，这个原则是所有决策的核心，所有人都必须遵从，哪怕是做最终决策的领导者也不例外。

在一个国家的法律体系中，宪法是最高法律，其他法律都要遵从宪法的基本精神。一个组织的决策体系也是如此，一定要有基本法作为最终判断的依据。只有这样，才能避免决策受到决策者自身状况的影响，才能避免员工产生不满情绪和反对意见。

下面就来谈一谈我的个人经历。

三星集团中有一个下属机构叫综合技术院，它成立于1987年，主要负责技术开发工作——研究生产跨时代产品的原创技术。该技术院以具备其他企业的研发中心无法比拟的专业原创技术而闻名。当时，我被三星集团总部任命为该综合技术院院长。综合技术院由三星集团创始人设立，历史悠久，饱含着三星创始人重视原创技术的精神，因此其研究方向不容任何人置疑。

我上任后发现，该技术院有许多单纯为了研究而进行的项目，也有与三星集团的产品线毫无关联的项目。有些研究员的研究工作已经脱离了本质，但他们却丝毫没有意识到这个问题。当时综合技术院甚至制定了一项规定，员工的学术研究成果如果能够登上学术期刊，考核就给加分10%，结果导致其研究员们像大学教师一样关注论文发表的数量。其实很久以前，我就知道这个问题，因此上任后，我做的第一件事就是宣布："发表优秀论文会受到表扬，但不能在考核中加分。"我虽然不阻止员工们做研究，但明确表态，发表论文和考核无关。第二件事就是对当时开展的所有研究项目进行全面彻查，只保留三分之一，剩下的全部叫停，并将隶属于这些项目的研究员调任到生产一线。

将研究项目减少三分之二，这肯定会引发内部的担忧和紧张，并招致部分人的反对。此前，研究员们一直像在高校一样进行学术研究，突然被调任到其他一线部门后，他们纷纷吐槽说，新任院长妨碍他们做研究。

正是在这一步中，我提出了确定最终决策必须遵循的基本法，这一基本法并不只针对高层领导者，而是针对综合技术院的全体员工，并且是公开提出的。所有员工都应遵循这一基本法，只有如此，才能叫停三分之二的研究项目，并将相关员工调到其他部门。之所以提到这段经历，我并不是在单纯地介绍一个机构重组的案例；同样，我也不是想阐述我对于人事调整的方式；其实，我是想通过这个经历，展示设定组织基本法的完整过程。

共识：圈画整个组织的行动边界

只有基于容易被人接受的共识，别人才愿意遵守你所定下的规矩。因此，我相信没有人会反对我设置的前提：1.在研究项目结项时，应该考虑该项目的成果是否可以转化，能否被三星集团的某个特定公司采纳，或能否用于拓展新领域；2.企业是创造利润的地方，其研究应创造出让股东、全体员工以及消费者都满意的利润。因此，在这个前提下，我公布的基本法是，技术院不需要无法创造利润的研究。我的初衷是，鼓励研究员们积极做一些可以运用于实际工作中的研究。

这一项基本法公布后，我全面彻查了当时所有的研究项目，目的是区分哪些是企业发展需要的研究，哪些是为了研究而进行的研究，哪些是为了在专业期刊上发表论文而进行的研究。大部分接受调查的研究员都认为自己的研究非常重要，有助于企业的未来发展。如我所料，没有人认为自己的研究不重要，更有甚者，有的研究员称“竞争对手正在研究类似课题”。他声称，做这项研究是为了在技术上不落后于竞争对手。我很严肃地告诉他，如果是这样，就去竞争对手那里做研究吧。我自始至终都强硬地坚持已经公布的基本法，并大规模地取消单纯为了研究而进行的研究。

规划：明确每一个人的行动方向

前面我讲到了如何设立决策的原则，这一部分我要谈一谈三星综合技术院在决策方面给出的规划。该规划基于三个标准，它也是一种课题指南，让大家知道什么样的研究可以继续。

第一，我对大家说，对于全世界独一无二、无人涉足的研究，我一定全力支持。既然是全世界首次尝试的研究，那就应该继续下去。我说的全力支持指的是对“目前不存在，还无法获取的技术”的研究。如果通过研究能开发出了这种技术，将会大大助力公司未来的发展，当然应该继续。

第二，支持对“目前已存在，但我们不具备的技术”的研究。这种技术虽然可以从其他公司（主要指单个公司垄断的技术）手里购买，但如果那样，这些公司的任何变动都会影响三星集团的命运，而三星集团的未来绝不能掌握在他人的手中。因此，这种技术关乎公司的存亡，必须进行研究。

第三，支持对“目前已存在，可以轻易获得的技术”的研究。如果新技术比现有的技术更加先进，且可以替代现有的产品或技术，那么三星集团就一定支持。

这就是我为三星综合技术院规定的基本研究方向，我设立了大原则和具体规划，然后传达给三星综合技术院的全体员工。其中大原则是叫停那些对开发产品和改善服务毫无帮助的研究，具体规划包括三星集团会大力支持的三个研究方向。我提出这一方案后，依照该原则，在一个月之内，就将不需要的研究全部叫停了。

此前三星综合技术院的研究几乎涵盖了所有领域，尤其是对生命科学和化学的研究，其深度甚至只有专家才能理解，因此虽然该研究对三星集团毫无意义，但所有人对此也无可奈何。基本原则设立后，三星综合技术院的风气得到了整顿。

当然，我的决定确实会波及一些人，例如，此前在研究室中工作的数百名研究员不得不前往生产一线工作。虽然有的研究员会感到不公平，但我做出该决策的依据应该是，如何使得企业的经营更加合理化，如何能够使研究员们在未来有更好的发展前途。另外，我觉得，即使减掉一些项目，其他分公司也不会受到影响，因此果断实施了这一决策。偶尔也有研究员抱怨，在一线不如在舒适的研究所更适合自己。于是，我对他们说：

“从陆军士官学校毕业后，只有担任过小队长，经历过野外战斗，才能成为将军。你怎么只想当教官呢？就算是当教官，经过了实战的洗礼后，不是更容易成为出色的教官吗？”

虽然这只是打个比方，但事实就是这样。那些研究员听了我的告诫，最终选择了去一线。后来我发现，大部分研究员其实在各个部门都能认真履行自己的职责。

补充建议：公共部门的组织基本法

关于公共部门的组织，我还想补充一点。到目前为止，我举的都是三星综合技术院的例子。三星综合技术院属于私营部门，其最终决策过程和非营利性机构等组织的决策过程并不相同。换句话说，有的经营策略适合以赢利为目的的私营部门，有的则更适用于非营利机构。

虽然从缔造组织和克服困难的角度来看，这些过程都是相似的，但二者的经营方式还是有着许多差异。例如在私营部门中，一旦形成了稳定的领导体系（董事会承认支持），哪怕有 90% 的人反对，也无法动摇决策者的地位。如果有人坚持反对到底，就会被逐出局。当然，如果领导者的能力超群，那么他就不会让事情发展到这种地步。然而，在非营利性机构中，哪怕只有10%的人反对，工作可能就无法推进。不管那90%的赞成意见多么有理有据、不可或缺，10%的反对意见都是不容忽视的，这就是非营利性机构或公共部门的特征。

因此与私营部门相比，公共部门的领导者需要较强的沟通能力。在公共部门中，做最终决策之前，领导者都会先征求员工的意见。员工们则从一开始就参与到了决策过程中，并被允许积极发表意见，因此公共部门的决策时间往往比私营部门更长。鉴于这一点，我认为，公共部门的领导者有必要制订一个较长期的计划。

格의 발견
优势的缔造

解决问题的秘诀——“前移”

所谓“前移”是指发生意外时，找出“根本原因”，寻求解决方案，平时做好预防工作，最大限度地获得成果。

任何一个企业或部门都会出现或大或小的问题，有的是因不可控因素或管理疏忽造成的意外，有的是因为员工道德问题而出现的丑闻。这时，最重要的是，领导者应该知道如何迅速并彻底地解决问题。

通常，人们会用“左移”来解决问题。写文章时从左向右写，修改某个别扭的句子时也会从左手边开始。所谓“左移”其实就是找到引发问题的源头，并由此开始改正。要想解决某一个问题，不要仅限于关注问题本身，更应该找出引发问题的根本原因。从这个意义上来看，其实叫“前移”可能更加恰当一些。

假设某产品一直无法带来利润，在这种情况下，人们可以着手分析，是否是市场营销方面存在问题，然后商议对策；也可以着手分析，是否是因为库存过多，导致资金无法正常周转，所以无法盈利。然而，如果想分析得更深入，那人们就应该回到问题的起点。简单地说，就是要看产品开发阶段是否就存在错误。这就好比，想要彻底净化汉江的水，只靠净化下水道流出的生活污水是绝对不行的。显然，只有从汉江的水源地开始净化，才能彻底解决问题。

发烧时吃退热药可以马上退烧，但如果找不到发烧的根本原因，那么再次发烧就是难免的。

当发生意外情况时，最容易使用“前移”策略 ，因为问题很明确。然而，在运用“前移”策略时一定要注意方法。尽管运用“前移”策略的目的是为了找出根本原因，但大部分企业或组织更愿意关注谁应该对这场意外承担责任，这就导致相关部门或人员会因为惧怕承担责任而说谎。结果显而易见，这样做不仅无法找到根本原因，反而只能形成一串无关紧要的名单，最终使得一切只不过是走形式罢了，未来必将重蹈覆辙。在社会上，人们总会看见一些相似的问题接二连三地发生，这其实就是因为大家把所有的注意力都放在了追究责任上，从而疏忽了寻找引发问题的根本原因。

“前移”策略并不只适用于问题发生时，在日常工作中，如果利用好这一策略，那么就能极大提升企业的竞争力。例如质量部门或检测部门的员工一般在产品开发工作结束后才进行相关工作，因此他们总是在做一些收尾的工作，而这很容易使他们产生不满情绪。毕竟主导权掌握在产品开发部门和营业部门手中，他们决定着一切事务。如果新产品没有任何质量问题，那么质量部门或检测部门似乎就没有必要存在了，但事实上这是不可能的，而且，实际上它们还可以发挥其他方面的作用。

它们可以向开发部门提供新的创意，从而使产品在开发阶段不会出现质量问题，进而尽量减少检测次数。质量部门和检测部门虽然总认为自己是辅助性部门，但也可以掌握某种主导权，如果这种工作态度可以成为一种文化，并由此固定下来，那么这将对实行绝对优势战略起到极大的促进作用。

考核：维护士气的根本永远是公正

管理一个机构，想保证给予员工公正的评估和奖励，这其实与领导机构争创最佳一样难。评价要做到公正，赏罚要做到分明，那么到底该如何进行评价和奖励呢？

我个人认为，依据合理公正的指标（评价指标）进行奖励和惩罚，其效果最优。有功则奖，有过则罚。有人说，赏罚分明已经过时了，但在我看来，那只是没有用好指标而已。

任何评价都要以公平合理的指标为依据。如果领导者在对员工的评价中掺杂着个人感情或主观判断的话，那么整个组织就会事事都考虑领导者的心情。另外，如果指标不合理、不公正，员工们也会在工作中根据错误的指标行事。对无关紧要的事给予高度评价，而为企业未来发展做出决定性贡献的人却未能获得应有的评价，这会严重打击员工们的士气。显然，无论是谁，如果看到自己所负责的工作并不在评价指标中的话,他们都会觉得不公平。

评价：将各岗位与企业核心目标关联

那么，要想确保奖励公平、合理，该使用什么样的指标呢?例如，大部分与生产相关的部门都会将产量作为指标，只注重提高产量。这些部门的员工丝毫不会关心库存是否过多，因为考核他们的指标只是产量。要想防止这种情况发生，就要在制定指标时综合考虑产量和销量。光有产量并不能取得高分，必须大量生产销量高的产品才能取得高分。

其实，企业一般最重要的指标是销量和利润。如果生产的是优质产品，那么投入市场后销量只要不太差，就能获取高利润的话，从而得到高分。相反，有的产品虽然销量很高，但如果利润空间很小的话，对企业来说也无法带来太多利润。因此，将销量和利润结合起来制定的指标才最为合理。

因此对于一个企业来说，只追求产量没有太大意义，更重要的是利润。韩国的许多制造企业总是把销量作为评价指标，这种做法有欠妥当。其实它们更应该制定出能准确计算各部门成果的指标，并以此为依据对员工进行评价，只有这样才能做到奖励公平。

再举一个例子，开发部门的主要工作是研究和定型，如果只看眼前，那么它与制造部门和市场营销部门似乎没有直接联系。然后，只有最开始就能开发出好产品，制造环节才顺利，销量才有保证。因此，在评价开发部门的人员时，要制定不同的评价指标。那么，将销量或利润的权重加到开发部门的指标中会怎样呢？根据我个人的经验，将销量或利润的权重加入到产品开发部门是可以实现某种程度的公平的。不过，其在产品开发部门的指标中所占权重，应该比其在营业部门的指标中所在权重略少一些。开发部门的研究员们也都认为这种方式比较合理，其指标的其他组成部分则由原本的开发任务构成。

奖励：摆正业绩和晋升之间的关系

接下来，我想结合奖励问题，具体谈一下评价体系。评价的下一步是奖励，我将奖励体系称为“4P 体系”，基本原则如下。

Pay by Performance（根据表现发工资）

Promotion by Potential（提拔有发展潜力的人）

简单来说，这一奖励体系中包含 Pay（工资）、Performance

（表现）、Promotion（提拔）、Potential（潜力）四个英文单词，因此我将其称为“4P 体系”。在企业中，评价个人成果并给予奖励的方法可以大致分为三种：钱（涨工资或发奖金）、升职、荣誉。荣誉对个人是一种鼓励，比如，在月例会上公开举行表彰仪式。

简单来说，所谓“成果”是业务做得好，为公司带来了利润。如果个人或部门创造了很高的利润，那么就应该给予奖励。当然，领导者还是要辨别一下，该年度获得的成果是因为市场行情很好，还是因为个人或部门有能力。如果是赶上了好的市场行情，就应给予金钱奖励。相反，尽管该季度由于市场行情的原因，某员工所创造的利润并不高，但该员工却展现了不错的发展潜力，那么就应该提拔这样的人。给取得成绩的人提供金钱奖励，并提拔那些有发展潜力的人，二者共同构成了 4P 体系。

4P 体系虽然看起来很简单，但却足以解决企业中普遍存在的问题。很多企业在评价员工时，愿意将业绩与晋升画等号，提拔那些销售业绩好的人。因此，为了奖励那些销售业绩好的人，通常会将他们从部门经理升为常务，再从常务提拔为专务。然而，销售业绩好并不只因为个人能力强，还有可能因为当时的经济形势较好、对手公司的能力不足，或者也有可能纯粹是因为运气好。如果忽略了这些因素，只要员工销售业绩好便提拔他，那么很可能为将来埋下了很多隐患。这种方式不仅会导致人事拥堵，在经济不景气时，还会将企业推入困境。因此，我个人建议，如果销售业绩较好，让企业获利了的话，那么可以通过涨工资的方式给予奖励。

三星集团曾发生过这样一件事。当时，在三星集团开展的诸多业务中，某项业务的业绩尤为突出，给整个集团注入了活力。该业务的季度销量一直在攀升，员工们都高兴得不得了。三星集团向来赏罚分明，因此这些员工都期待着集团会给予他们奖励。在日常运营中，三星集团一直以不断晋升那些业绩突出的员工而闻名。因此，和往年相比，许多员工晋升为高层管理者，结果导致能力不足的员工也成为部门领导，而这不仅严重影响了部门今后的发展，而且最终导致该业务的销售额急剧下降，这就是将晋升作为奖励所带来的危害。我时常想，当时的业绩那么好，要是只给予金钱上的奖励，那么说不定就能避免这些问题。4P 体系的核心是区分奖励的方法，为此，我认为有必要将金钱上的奖励（涨工资或奖金）和晋升区分开来。

为确保奖励公平，应首先进行彻底的指标管理，但同时也必须考虑到将会引发的一系列危害和一些现实性问题。因为以指标为标准来评价个人或部门时，利益当事人从一开始，就会朝有利于自己的方向来利用指标。因此，企业经营者要提前预料到指标管理的弊端，即次级效应。

“简单地说，所谓‘成果’是业务做得好，为公司带来了利润。如果个人或部门创造了很高的利润，那么就应该给予奖励。相反，尽管该季度由于市场行情的原因，某员工所创造的利润并不高，但该员工却展现了不错的发展潜力，那么就应该提拔这样的人。

给取得成绩的人提供金钱奖励，并提拔那些有发展潜力的人，二者共同构成了4P体系。”

在我任职期间曾经发生过这样一件事。某部门负责产品生产线，为了完成生产效率指标，它会不断提高产量。因为产量提高了，指标分数也就提高了。如果生产机器一直不停运转的话，该部门就能超额完成指标。其实，让机器超负荷工作，会直接影响设备性能，从而增加产品的不合格率。虽然表面上看起来产量提高了，但其中有大量的不合格产品，那么实际上合格产品的产量反而减少了。有时，为了提高设备的开工率而进行很多实验都是不必要的，这反倒忽视了对装备的改进。显然，装备的改造升级需要时间，而这会缩短实际的开机时间，从而影响指标的完成率。这就是指标管理的弊端所在。

由此可见，指标管理并非易事，弊端也在所难免。因为人们无论做什么事，都会向着有利于自己的方向努力，对于指标也是一样。人们总是基于有利于自己的方向来利用指标，这就为弊端的产生埋下了伏笔。

因此，在制定指标时，领导者要先考虑如何应对这些弊端。在制定指标时，想要避免出现弊端，就必须事先告知员工，指标评价中还有例外条件，并明确告诉员工，为了取得高评价而伪造指标完成率是会受到应有的处罚的。

处罚：赏罚分明比仁爱更有效果

下面要和大家谈谈处罚。处罚是评价和奖励的最后一步，我一直坚信，赏罚分明比仁爱更有效果。虽然一直以来我都尽量不处罚员工，但还是应该遵循赏罚分明的原则，在经营企业的过程中给予适当的处罚。

不过，处罚必须以规则库为基准——遵循制定好的处罚规则，不能按照上司的个人爱好和心情来进行处罚。一定要制定一套规则，并事先告知全体员工，以避免这类事情发生。在我担任领导者期间，只要一有机会，我就会宣布以下三个规则，以事先避免发生不光彩事件。处罚不是管理者的任务，而是义务，因此最好避免。

第一个原则是“不宽容”。当员工因违反法律而受到法律制裁，或有悖基本道德时，不能对他们进行宽大处理。如果出现公司内部贿赂、有意泄露机密、暴力事件，或业绩造假等问题时，一定要坚决辞退他们。当这种事情发生时，要告知员工，如果证据确凿，一定要辞退，绝不姑息。

第二个原则是“足球规则”。众所周知，足球比赛中有黄牌警告和红牌警告，所谓“足球规则”就是将足球比赛中的这种处罚方式运用到员工身上。这一处罚规则一般主要用于业务一线中发生的细枝末节的问题上。例如，有的领导者让员工连续加班，那就把他叫过来，先给他第一次黄牌警告。如果领导者经常对员工提不合理要求，也罚黄牌，甚至对开会次数过多的领导者也是如此。如果已经收到了两次黄牌警告还不改正，第三次的时候，就给他红牌警告，并开除他。

第三个原则我称它为“棒球规则”，也就是所谓的“三振出局”制度。这一原则只适用于高层领导者。公司里有一些高层领导者，他们经常在会议上责骂员工或说脏话，第一次我会把他们叫过来，给予警告；如果还不改正的话，就给他第二次警告，并找专家对他进行基础治疗，找专业咨询师定期和他谈话，解决根本问题；如果依旧不改正的话，就辞退他。

会议:“为了开会而开会”是“效率癌症”

人们常常能通过一些反面案例学习到企业经营的技巧。因为透过这些反面案例，人们能够察觉到自己应该避免的那些不可取的做法。我通过反面案例懂得了，会议不宜过多、不宜过长。我觉得比我年长的那些企业经营者总喜欢没完没了地开会议，这完全是在浪费时间。不过，考虑到他们面临的实际情况，这也可以理解。因为那时候没有网络系统，信息无法像现在这样畅通，只能靠开会传达、获取信息。因此，不得不经常开会，一开就开得很长。

自从我接管三星电子以来，我就一直致力于减少开会次数。我平均每周召开一两次会议，而且尽可能不召开工作汇报会议，而是更多地召开座谈会。

材料修辞学：会议成了推卸责任的竞技场

会议是企业经营和组织运转必不可少的环节。只有先明确会议的定义，才能避免为了开会而开会，从而减少时间和人力的浪费。在我看来，只有参加人员事先准备好资料，并在会上宣讲，才可以称之为“会议”。无论是 PPT 也好，打印出来的季度业绩报告也罢，只有事先需要准备资料的，才能算是“会议”。

座谈会与会议不同，简单来说，座谈会是指不用事先准备资料的聚会，参加人员不用展示精美华丽的 PPT 以及纸质资料，桌子上只有咖啡或水，人数也不超过 10 人。因此，座谈会不是定期进行的工作汇报，而是围绕现实问题进行自由讨论，我非常喜欢召开座谈会。

我一般会在办公室的圆桌前举行座谈会。比起长方形的桌子，我更推荐领导者们使用圆桌，因为长方形的桌子有首席和末席之分，容易让人在意谁坐在了哪个位置。一旦形成了具有等级性会议，就没有人敢直接反驳上司的意见。

相反，圆桌没有上座，也没有资料，大家可以像日常交流一样轻松愉快地对话。我一般都让大家围坐在圆桌前商议各种议题，以此来代替会议。座谈会还有一个优点，就是能体现出参加人员的真实水平。因为如果对议题理解得不充分就无法参与讨论，所以座谈会也是一种变相的口试。

虽然每周召开一两次会议，但我并不注重会议的形式。会议中没有固定的汇报顺序，我也不会对员工进行训话。我绝对不会为了向员工传达自己做出的决定而召开会议。在接受企业经营培训时，我参加过许多会议，常常从早上就开始开会。有的时候，一天工作结束后，晚上11点又会被召集起来开当天的工作总结会，周末也经常开会。为什么一般企业都喜欢开会，而会议时间又那么长呢？听说有的公司或部门几乎每天都开会。

在这些会议上，人们耗费了大量时间来总结过去，并针对这些业务总结进行集体点评。通常员工们先做工作汇报，然后由总裁或经理对汇报的内容进行点评，即员工们先汇报成绩和得失，领导再进行评价。

这样一来，会议的核心往往就演变成了讨论谁来负责任。如果上一周业绩不佳，就要说明理由，然后追究责任人或责任部门。人们的大部分时间都在围绕责任展开心理战。

一旦适应了这样的会议风气，参加人员就会思考，准备什么样的资料才能在会议上很好地陈述自己或部门的业绩？如果有不足之处，该怎样汇报才能减轻责任？因此，为了准备这个会议，下级各部门通常会先单独开会。其实，在我职位较低的时候，也只能这样准备会议，否则就会在会议上出丑。

汇报黑洞：不要随意浪费下属的时间

一旦形成了上述会议模式，会议室就成了修辞技巧的竞技场。虽然业绩和结果已经是明摆着的了，但不同的业绩图表却会给人带来不同的感觉，因此员工就会用华丽的页面设计来夸大业绩或伪造事实。这一切使得会议彻底失去了意义。因此，我采用了很多办法来避免那些没有必要的会议。

我一般会定期召开一些“仪式性会议”。比如围绕“环境和安全”，我会定期举行会议，这样做的目的其实只是为了让三星电子的员工重视这个问题。三星电子是大公司，稍有不慎，环境问题或安全问题便会给企业的经营带来重大危害。通过定期召开此类会议，我可以借此宣传自己的想法和理念，从而强化员工们的意识。环境和安全重在预防，所以要未雨绸缪。每次开会，我总是告诉自己要坚持三个原则。

- 少指示，多提问。
- 不能为了开会而开会。
- 按时开始，按时结束。

借着开会的名义，许多公司和组织不知浪费了多少时间。**很多领导者自相矛盾，认为自己的时间很宝贵，却随意浪费下属的**

时间。

主持会议的领导者一般负责检验成果，对下属的不当之处进行反馈。很多领导指责新产品开发速度过慢，反复追问销量不佳的原因，而会议桌前的下属则忙着申辩。与之相比，我更喜欢倾听员工们的烦恼，给予他们安慰，像长者对待年轻人那样，给他们一些人生建议，从而建立一种人性化的纽带关系。每到这个时候，员工们都会对我敞开心扉。

因为我未能得到过这样的人生建议，所以在我成为领导者后才想那样做，而做了之后，我发现这很有意义。老一辈的领导们总是认为，训斥就是指导工作，所以必须开会。虽然这种做法也有值得学习的地方，但其缺点大于优点。我们需要的是人生道路上的引路人。

非正式谈话：深挖不同意见的价值

有些员工为了准备在会议展示的资料，会花费很多时间，我对此常常会给予他们严厉的警告。我告诉他们，如果有那么多时间，不如用在工作上。偶尔，出于特殊原因，有的参会者不得不拿着资料来参加会议，那也尽量不要超过一页或两页。

实际上，企业在信息化方面的投入一直在增加，只要领导者用心观察，他们就可以了解企业的成果和业绩。然而，在大多数情况下，很多领导者却不愿意这样做，而且认为这不是自己的分内之事。有的领导者让下属准备了很多报告，但自己却不愿意看，觉得是在浪费自己宝贵的时间。

按照通常的情况，难道有什么会议可以推翻领导者做出的决定吗？那是不可能的。既然如此，在开会上浪费过多时间，值得吗？既然不可能反驳和推翻，倒不如不要开会，通过企业的内部广播来传达不是更快吗？

我通过会议或座谈会做出决策的过程十分简单。大家围坐在圆桌前讨论提案，因为有各部门的代表出席，所以我也可以按顺序提问各部门负责人，听听大家的意见。一定要追问他们理由是什么，如果大家的意见几乎一致，就当场拍板。决策的速度对于我所负责的半导体业务非常重要，如果会议参加人员的意见一致，那就无须犹豫了。

如果参会人员的意见不一致，那就应该暂停会议，然后通知第二天或下周再重新商讨此事，任何一个决定都不是由我一个人最终做出的。彼此意见有冲突时，应畅所欲言，允许不同意见的存在。就算对自己的判断很有自信，但出现不同的声音时，也应该暂时放下自己的想法，重新思考，这就是我们为什么要开会的真正理由。

“按照通常的情况，难道有什么会议可以推翻领导者做出的决定吗？那是不可能的。既然如此，在开会上浪费过多时间，值得吗？既然不可能反驳和推翻，倒不如不要开会，通过企业的内部广播来传达不是更快吗？

我通过会议或座谈会做出决策的过程十分简单。大家围坐在圆桌前讨论提案，因为有各部门的代表出席，所以我也可以按顺序提问各位部门负责人，听听大家的意见。一定要追问他们理由是什么，如果大家的意见几乎一致，就当场拍板。”

초격차

第三部分

战略

定位：明确企业所处的位置和未来方向

希腊德尔菲阿波罗神庙入口有这样一句箴言：“认识你自己。”这句箴言告诉人们，要冷静分析自己所处的情况，然后再设定未来的目标。企业的领导者在制定经营策略时，首先要明确自己的“起点”和“终极目标”。

在2002年韩日世界杯的赛场上，希丁克教练带领韩国国家足球队挺进四强，创造了神话。此前，韩国足球虽然在亚洲已经开始崭露头角，但在世界舞台上却总是战绩不佳。然而，在希丁克教练的带领下，韩国队却实现了飞跃。那么，他采取的战术是什么呢？究竟有什么秘诀呢？同欧洲运动员相比，韩国运动员的个人技术并无优势，体能也有很大差距。希丁克教练在接手韩国国家队后，首先准确地分析了韩国足球队当前的情况。在他任职的短短几年时间里，要想通过训练大幅提高球员的个人球技，那是不可能的。最终，希丁克教练采用了各式各样的办法，来强化球员的体能。他要求球员们在90分钟的比赛时间里，一直都要保持高强度的身体对抗。在希丁克教练的带领下，球员们的体能达到了巅峰。显然，正是希丁克教练自己精准地确定了“自身起点”和“终极目标”，从而带领韩国国家队挺进了世界杯四强。

显然，作为企业的领导者，他首先要了解企业本身目前的情况，不要总是一味强调个人的管理能力。自己所负责的企业，目前正处在巅峰状态，中游水平，还是依然在谷底徘徊？只有准确地了解了这一点，然后才能制定新的发展战略。一个不了解自己的人，绝对无法应对未来的挑战，必败无疑。

战略基石：围绕行业本质思考发展路径

根据竞争对手的不同，企业可以分为三种模式：模拟战争模式、持续发展模式和启动模式。根据产业属性，可以分为制造业和服务业。根据不同模式、不同产业，企业领导者应该采取的战略也不尽相同。首先探讨一下产业属性问题。韩国大部分企业都有一个共同特点：同时涉足多种产业。

传统意义上，产业被划分为两大类：“制造业”和“服务业”。可是在韩国，却将产业分为出版印刷业、造船海运业、广播通信业等。当然，早期的时候，完全是为了方便起见，才采用了这种分类方式。然而，随着时间的流逝，这种模糊不清的分类方式一直被沿用下来了。

例如，出版业更接近服务业，印刷业更接近制造业，因此出版和印刷两个行业的企业应该采取不同的战略。造船和海运也是两个完全不同的产业，造船属于制造业，海运属于服务业。广播通信业也是如此，广播属于制造业，通信则更接近于服务业。

作为一个管理者来说，首先要准确地把握产业属性。如果经营的是一家饭店，就要提供美味的菜肴。如果饭店主人只注重装修，忽略了菜肴的口味，那会如何呢？如此不了解自己从事行业的本质，如何能找到一个合适的战略呢？

如果企业从事制造业，那么它应该采取什么战略呢？以我个人的经验来看，从事制造业的企业首先要能力超群，一定要保证自身拥有最好的技术。只有生产出世界最高水平的产品，制造业企业才有竞争力。如果无法冲出国门，走向世界，那么注定会被淘汰。在全球化经济一体化的当下，如果不能成为世界第一，不能拥有绝对优势，那么企业就无法实现可持续发展。

如果企业从事的是服务业，那么情况就大不相同了。服务业无法分出世界第一和第二，因为对服务业的评价通常是相对的。在这种情况下，只要企业提供的服务相比其他企业略胜一筹即可。一句话，服务业企业应该围绕“优质战略”来设定自己的发展路径。

约束条件：新老业务要采取不同的策略

在制定具体战略时，首先要审视一下，企业的根基是否牢固。一般而言，企业只有拥有了“明星产品”后，才能制定下一阶段的战略，进而开辟新业务和扩大企业规模。现在有很多企业根本没有什么“明星产品”，就急匆匆地涉足新业务，看上去很有魄力，但大部分都是昙花一现。**所谓经营策略，首先是要具备雄厚的基础条件，然后才能稳扎稳打，这一点至关重要。**就好比登山运动员，要想登顶珠穆朗玛峰，必须要做好最基本的准备工作。只有这样，即便失败了，也有足够的厚度将其消化，进而转化为经验教训。

在制定战略时，领导者一定要仔细考虑企业的现实情况。针对老业务和新业务，企业需要设定不同的战略。对于老业务而言，应该围绕“可持续发展”来设定战略，提升其自我生存能力，实现稳步增长。因此在制定战略目标时，最重要的就是要拥有“绝对竞争力”。

在领导三星电子期间，我实施的就是绝对优势战略。所谓绝对优势，就是尽可能地拉大竞争对手与三星电子之间的距离。要做到这一点，三星电子领先的幅度就不能是一点半点的，而是不可赶超的。只有这样，才能让竞争对手彻底绝望，甘愿保持“千年老二”的位置。为了更加聚焦这个战略，三星电子的其他目标只有暂且抛开，倾全力去塑造这种绝对优势。

“从事制造业的企业首先要能力超群，一定要保证自身拥有最好的技术。只有生产出世界最高水平的产品，制造业企业才有竞争力。

如果企业从事的是服务业，那么情况就大不相同了。服务业无法分出世界第一和第二，因为对服务业的评价通常是相对的。在这种情况下，只要企业提供的服务相比其他企业略胜一筹即可。一句话，服务业企业应该围绕‘优质战略’来设定自己的发展路径。”

很多部门曾经取得过很辉煌的业绩，因此他们对于过去采取的一些策略很依恋，对于锻造全新核心竞争力的理念并不苟同。尽管我要求他们忘记过去，着眼现实，展望未来，但他们还是很犹豫。每当遇到这种情况，我都会半开玩笑地对他们说："过去的恋人就不要再去想了，小心被现在的老婆发现了。"当某个部门或项目业绩不佳时，我会大胆地关闭这个部门或项目。因为"斩草一定要除根"，只有这样才能彻底地不再纠结过去。"野火烧不尽，春风吹又生"，显然，只有连根拔除，才能够避免杂草在雨后重生。当我决定要关闭一个部门或项目时，我会将员工们全部转移到其他地方，一名员工都不会留下，因为这会成为隐患。为了实现绝对优势战略，我绝不会容忍任何一棵杂草留存下来。

战略调整：果断放弃没有未来的业务

那么怎么判断某部门或项目是否需要关闭呢？在实施绝对优势战略的过程中，我们的判断标准是："该项目未来是否能为公司带来利润？这个项目未来是否真的能落地？"在未来，某些业务也许会出现业绩滑坡的情况，但毕竟它们现在还在盈利，在这种情况下，是不是可以考虑暂时保留呢？也许在某些人的眼中，当下利润是衡量一切的标准，而我却总是以未来为衡量一切的标准。**我始终强调，这些终究是会被叫停的项目，因此要尽早大胆砍掉。除非这些业务仍拥有核心竞争力，还可以向其他相关领域拓展业务，创造出新的机会，否则一定要关闭。**

现有业务如果还拥有足够的核心竞争力，可以尝试向相关领域拓展，这也不失为一个好的战略。例如，三星电子曾通过收购美国汽车零部件制造商——哈曼国际（Harman International），拓展了业务领域。通过这笔交易，三星电子能提前为电动汽车时代的到来做好准备。不仅如此，三星近来还十分关注“数字医疗”，其目的不是为了开发新药，而是为了将原有的电子技术与健康医疗产业融合。由此可见，三星电子之所以进行这种业务合并，并非要进军一个全新的领域，而是将能够实现业务增长的相关领域融合到一起。

打造绝对优势：要强大到让竞争对手望而却步

在正式探讨绝对优势战略之前，我想先介绍一下半导体产业的诞生背景。半导体行业兴起于20世纪80年代，当时计算机开始进入千家万户。后来，随着半导体技术的发展，计算机性能大幅提高，应用领域不断扩大。这种趋势又反过来推动了市场对更高性能的存储器半导体的需求。于是，计算机与半导体产业结合成了一对紧密结合的有机体，相互推动，实现了良性的循环。

随着半导体市场的急速发展，美国和日本的电子巨头纷纷进军半导体行业。1983年，三星集团也开始涉足半导体市场。在20世纪80年代到2000年这段时间中，半导体市场上大概存在过20多家公司，它们之间展开了非常激烈的竞争。为了生存，各企业都在努力扩大市场占有率，进行大规模投资。不过，由于深受计算机市场的影响，导致半导体行业一直存在供需不平衡的问题。有时供大于求，一年之间价格暴跌 70%—80%；有时又因为供不应求，导致产品一度脱销。大概每过 4 年，半导体市场就会出现一次大的起伏，因此存储器半导体行业也被归入了周期性产业。很多公司因为无法承受这种激烈的竞争和庞大的资金需求，慢慢退出了市场。

颠覆式变革：甩开对手不能靠“修修补补”

2008 年，亚洲金融危机爆发。受这场金融危机的影响，三星电子也难逃亏损的命运。那一年我开始负责存储器业务，上任后，我一直不断思考：“难道没有什么办法能保证企业在任何情况下都盈利吗？”随后我告诉自己，如果始终保持原有的节奏，只是努力保证始终只比对手领先一步，那么企业永远也无法弱化市场波动对自己的影响。**要想脱离市场的惊涛骇浪，你就得站在极高的位置，具备绝对优势。显然，仅仅依靠渐进式的改进，那肯定是无法创造绝对优势。**

所谓绝对优势，绝不仅是技术上的差距，它还包括开发的目标和方式、生产线的管理和体系、基础设施、工作方式、文化等领域的全盘革新。如果只是想维持领先，那么通过渐进式的改进就能完成，比如，领导者可以逐个部门或者在有限的几个部门中推动变革。然而，如果想真正缔造绝对优势，那么领导者就需要在所有部门同时推动变革。我在三星电子实施绝对优势战略时，很多高层领导者并不是很理解。他们常常问道："已经是世界第一了，还需要冒这个风险吗？"不过，为了未来一直保持第一的位置，我毅然选择了对企业进行全面再造。

关于半导体，我还想多说几句。生产尖端的半导体产品通常需要经过数百道工艺，而且每道工艺必须做到完美，即使完成度达到 99%，最终的良品率也可能很低。这使得有的产品从开始生产到最终下线需要耗费 2 个月的时间。

在生产线上，如果哪道工序没做好，或工作人员出现了失误，都会导致十分严重的后果。因此，每一道工序都要不断检测，每一个方面都要做到极致。要想在半导体行业中取胜，必须确保良品率并尽可能地缩短生产周期。

在我接手存储器业务之前，三星电子管理生产线的方法与半导体行业起步时的方法区别不大。各条生产线的生产团队和技术团队彼此独立，无论是启动新工艺，还是生产产品，它们几乎都是同时进行的。按照这种方法，任何一条生产线上出现问题，将不会影响整体的生产。然而，这种方法的效率较低，还会引起各条生产线之间不必要的竞争。

为了提升效率，我将彼此独立的制造团队和技术团队整合起来，从而形成了一条核心生产线。然而，负责生产线的高层领导者却坚决反对，因为是他们带领三星电子成为世界半导体龙头，而且员工们也不配合。当时，我第一次切身感受到，革新真不是一件易事。显然，仅仅靠说服是根本无法让那些不愿意创新的员工回心转意的。

创新意识：用“推倒重来”的魄力打破惯性

为此，我不得不进行人事调整。我将经验丰富、工作能力强、但不愿意打破原有模式的员工安排到别的部门。因为现在围绕着一条生产线，所以每道工艺所要应付的特殊情况就大幅减少了。不仅如此，我还让某些工艺设备只负责处理特定产品，这样新工艺的启动速度加快了，目标更加明确，生产量也大大提高。

当然，要想进行这种变革，那么就一定要提前几个月就开始准备，为应对可能存在的风险，寻找对策。**任何处于剧烈变革中的企业，起初难免都会走一些弯路，但很快就会稳定下来，其生产率也会大幅提高。**

进行完业务整合后，我首先要求将生产周期缩短一半，并大幅提高了良品率目标，并不断强调，这是死命令。当时我设定的良率目标很高，几乎超出了任何人的想象，实现起来难度很大，但从理论上来说也并非不可能，只不过没有人尝试过而已。

刚开始，员工们遵循了原有的方法，然而，无论如何，他们都无法实现这个目标。于是，他们不得不开始思考其他方法，创新随之就开始了。几次努力以后，员工们逐渐放弃了“渐进式改进”的思路，开始追求全新的方法。最终，原本想都不敢想的目标终于实现了，而且，最让我感动的是，“求新求变”的意识最终固化为生产线部门的特有企业文化。

接着，我要求开发部门改变其设定目标的方式。以前，开发部门的员工都是根据现有技术，以求稳的方法去设定目标。依靠这种方式所制定的目标或许能够达成，但市场不会买账。换句话说，依靠这种方式创造出来的技术和产品很多时候并不能应对市场价格下跌的情况。价格已经下降了40%，而产量增加率只有20%，在这种情况下，就必须进一步扩大投资才能够维持原有的销售额，而对于企业来说，这种方式效率太低了。

我在设定目标时从来都不是自下而上的，而是自上而下的。为了实现目标，我会要求下属大胆采用新技术、新工序，并尝试新的设计理念。当然事先也要预测风险，拥有风险防范能力，准备好对策，这些也是推进变革的重要一环。通过这一方式，团队也变得具有了挑战和创新精神。

此外，三星的研究所也逐渐形成了一种超前开发机制，不仅开发第二代产品，还着手为第三代产品的开发做准备。例如，在研究新工序、材料、架构、模拟的同时，还开始着手开展新的项目，比如3D-NAND闪存。当时很多人认为，这项技术根本是不可能的，但这块硬骨头最终还是被三星研究院啃下来了。正是因为拥有了这项技术，三星电子才比竞争对手提早很多年推出了相关产品，并完全占据了固态硬盘市场。

我始终强调，生产线和开发团队应该不断探索相互合作的模式。为此，我将很多原本在研究所工作的博士都安排到了生产线上工作。起初很多人反对，然而很多研究员从一线再回到研究所后，他们纷纷感到自己的能力有了大幅度的提高。这足以说明实践经验有多重要。显然，“前移”模式开始在三星电子内部占据主导地位了。

团队能量：让企业立于不败之地的核心竞争力

在执行绝对优势战略很多年后，三星电子的竞争力有了显著的提升。无论是市场占有率、销售额，还是企业利润都有了大幅度的提升。

不过，提到三星电子的绝对优势，还是有很多人认为“这是一种霸权，本来就只有三星才能做到”，是“强者独有的一种特质”。然而，在我看来，这些想法有些偏颇了。如果一家企业真独占了市场，那么这不仅会让市场丧失良性循环机制，而且也会让企业自身的发展和革新止步不前。

排名或竞争力只是绝对优势的外在表现，其真正内核则是，在技术上创造了一种无人能及的神话，且其员工的斗志也一直维持在极高的水平。不仅在技术上远超其他竞争对手，而且具备维持这种技术优势的工作氛围，这就是我提出的绝对优势的真正内涵。**要想实现绝对优势，不能纯粹依靠企业的规模和资本，关键还是领导者的魄力。**

战略阻力：越不容易往往意味着越需要

要想成为某行业的领军者，不能仅仅追求渐进式的改进，而要不断寻求颠覆式革新。要想成为某领域的佼佼者，就不能仅仅对于自身进行修修补补，而是应该勇于彻底颠覆自己的既有观念。如果说改进是员工需要做的工作，那么革新则是领导者的责任。渐进式的改进基本不会遭遇任何失败，而大刀阔斧的革新却会伴随很大的风险，弄不好就会一败涂地。因此，如果领导者不积极推动革新，那么革新无论如何都不会实现。

拿家用洗衣机来举个例子吧。大家想想，我们奶奶那一代人是如何洗衣服的呢？那时候，韩国妇女通常将要洗的衣服装在一个大盆里，顶在头上，然后去自家附近的小溪，三三两两地聚在一起洗衣服。到了我们母亲那一代时，她们则把要洗的衣服先泡在家里的浴缸里，然后搓洗干净。现在，这意味着，洗衣服的条件获得了巨大的提升。我们母亲那一代人发现，在浴缸里泡好，倒入一些洗涤剂，衣服可以洗得更干净。

后来全自动洗衣机问世了，一台台洗衣机被生产出来，慢慢在千家万户中得到普及。全自动洗衣机让家庭主妇从洗衣服这项家务活中完全解放出来，是一个具有变革意义的产品。到了我们这一代，生活变得更加便捷，在家里就可以随时使用洗衣机洗衣服。为了迎合消费者的需求，各大企业纷纷生产全自动洗衣机。这些企业之间竞争十分激烈，都在千方百计地宣传自己生产的洗衣机可以把衣服洗得多么干净。后来，洗衣机开始具有甩干功能，接着，洗衣机不仅可以洗衣、甩干，甚至还可以烘干。

从洗衣，到甩干，再到烘干，这对于全自动洗衣机来说是一个不断发展的过程。那么，全自动洗衣机应该如何实现革新呢？如何才能生产出具有革新意义的新一代洗衣机呢？其他企业的洗衣机洗衣时间为 1 个小时，而我们将时间缩短到 50 分钟，这可以算变革吗？不，这只是改进。尽管很多企业经营者努力研制耗时更短的全自动洗衣机，但不要忘记，这依然只是改进，并非革新。

我在美国留学时，曾使用学校宿舍里的公用洗衣机。这种洗衣机只要投币就可以使用，在美国被称作自助洗衣机，它可以同时洗衣和烘干。每到周日傍晚，自助洗衣机前就排起了长队，很多人都会来洗衣服。

现在，每当看到洗衣机时，我都会不由自主地想，衣服在洗完和烘干后，如果能被整齐地叠好，那该多方便啊？或者可不可以连熨烫一起完成呢？如果能开发出这样的洗衣机，在市场上是不是会更受欢迎呢？如果洗衣机能兼具熨烫和叠衣服的功能，那么这样的洗衣机，我觉得就可以算具有革新意义的洗衣机了。

思维固化：经验很容易变成负担

作为领导者，首先要有坚定的意志，并且要能做出精准的判断。变革是企业的生命源泉。在任何企业中，领导者从一开始就要下定决心大胆变革，而不是一味地追求改进。

开发革新型产品可以由工程师们来完成，这也是企业聘用工程师的原因所在。然而，如何才能让这些工程师们开发出革新型产品呢？这个问题其实不需要领导者操心。在工程师当中，自然有首席工程师，还有他们的顶头上司，这些人可以处理好这件事。那么领导者要做什么呢？领导者应该致力于在整个企业中塑造全面变革的气氛，并展现出变革的决心和意志。

领导者的思维方式往往很容易固化，愿意延续过去的模式。他们认为，努力工作，一天 24 小时只想着工作的员工一定是最优秀的员工。很多聘用资深职业经理人的企业老板依然认为，一周 7 天，天天工作是理所当然的。于是，放弃休息日，对于家庭不管不顾，便成为资深经理人的最高美德。

然而，我敢肯定，增加劳动时间就能保证工作效率和质量的时代已经结束了。领导者从早到晚一刻不离工位，员工们一边看领导眼色一边加班，这样的日子早就结束了。

在劳动密集型企业占据经济主导地位时，这种经营模式确实曾经产生过一定的效果。无论是生产假发，还是生产服装等产品，这种经营模式发挥过不小的作用。然而，现在的情况已经完全不同了。劳动密集型企业已经逐渐失去了主导地位，但很多高层领导者依然固守原有的思维方式，要求员工加班加点，并将“为工作牺牲家庭”看作是敬业的表现。

这种领导者其实是时代的落伍者。这个时代是由技术和革新驱动的，别人都在寻求革新，而不是改进，而这些领导者却想逆转历史的车轮，在他们的领导下，连改进都不可能完成。

当然也有例外的情况，在启动新项目或组建新公司时，他们必须投入更多的时间去工作，因为在运营初期抢占市场比什么都重要。

既得利益者：要坚决换掉丧失斗志的人

未来充满了太多的未知数，因此领导者有时候很像是在导演一部电视剧。在我看来，企业经营其实是一门艺术，通过创造，实现从无到有。特别是当经营环境突然发生变化，企业面临倒闭危机之时，便是对经营管理者真正的考验。

到底是应该集结兵力，争取在某一个领域取得突破，还是广泛撒网，在所有领域都安排一些人力和物力，一一尝试呢？如果将所有资源都投入到某部门，那么其他部门会不会有意见呢？显然，只要某人处在了领导者的位置，他就不得不为此类问题而绞尽脑汁。领导者很像那些饱尝艰辛的艺术家，在创作过程中，痛并快乐着。

我曾经遇到过一位企业领导人，他很年轻时就继承了家族企业——一家主要通过提供股票经纪和企业上市服务的金融企业。虽然，这种家庭条件很让人羡慕，但他也承担了领导者都会遇到的烦恼。这位企业领导者深知，自己企业所经营的都是传统业务，而这些业务势必受到信息化大潮的严重冲击。为了避免坐以待毙，这位企业领导者准备投资房地产，扩大事业范围。然而，该企业的很多高层管理者已经习惯了依靠佣金获取利润，因此他们联合起来反对革新，向这位年轻的企业领导人发出了质疑。

可能是因为处境太艰难了，因此这位年轻的企业领导者问了我一些关于三星集团的问题。三星集团涉足众多领域，有电子、金融、建筑和进出口等各行业的子公司，其中三星电子的销售额和利润额最大。他很想知道当初三星集团为什么会选择进入电子行业，而且他还想知道面对原有公司高层的反对，三星集团是如何处理的。

听了他的提问，我不禁反问道："你是希望企业完成彻底的蜕变呢？还是只是在原有基础上修修补补？"

那位企业领导者略作思忖，回答说："我希望公司能够生存和发展。"

他给出的答案十分直白，令人吃惊，于是我对他说："如果你希望企业继续生存，就不能修修补补。修修补补所遇到的阻力确实不大，但这只不过是一个权宜之计而已。当然，如果选择彻底革新，那些既得利益者必定会反对。这是理所当然的事情，因为他们觉得革新一定会损害他们的利益。因此，如果你决定推动企业完成蜕变，那么一定要更换掉这些人。可能我说得有些严重，但这就是事实。想仅仅通过说服教育，就让那些习惯待在舒适区的人跟随你披荆斩棘，几乎是不可能的。当然，如果是为了革新而不得不进行大面积的人员变动，那么一定要给这些人丰厚的报酬和奖励，让他们毫无怨言地离开工作岗位，这也是革新的一个必经过程。显然，这些人对于过去的舒适区有着深深的眷恋之情，如果他们留下来，那么革新永远不可能成功。”

这就是我对那位年轻的企业领导者所说的一番话。或许我的方法过于残酷和现实了。因为在我看来，江山易改，本性难移。如果不大换血，无论是革新，还是创造绝对优势，都不可能实现。

“然而，有些领导者依然要求员工将所有的时间都花在工作上。尽管员工早就知道这种工作环境根本无法提高工作效率和产出，但碍于领导者的要求，他们还是不得已而为之，而长此以往只会导致生产效率日趋下降。在这种情况下，领导者会进一步要求增加劳动强度，从而形成一种恶性循环。”

战略聚焦：经营企业不能靠“抽彩票”

结婚是人生大事，对于很多人来说，人生最大的目标就是找到一个好的伴侣。在选择配偶时，大家通常会设定五花八门的标准，比如家世、性格、财产、能力、外貌、职业、信仰等。结果，很多人挑花了眼，并错失了很多缘分。

在管理亏损部门期间，我通过观察发现，大部分亏损部门都有一个共同特点：就像很多人在选择伴侣时总是左挑右选那样，亏损部门的问题就是业务种类“太多”。这些部门往往摊子铺得太大，以至于没有一处能成功。其实，对每个人而言也是如此，如果你从事的事情过多，弄得自己忙碌不堪，那么在每件事上你都无法取得突出成绩。上学时，大家常开玩笑说，学习不好的学生反而参考书最多，想必就是这个道理。

倾斜策略：将资源向最有把握的业务集中

领导者都会面临很多选择。不过，我想说的是，选择要分清主次和重点。在选择人生伴侣时，要记住一点，世界上没有谁是十全十美的。在家世、性格、财产、能力、外貌、职业、信仰等方面，你只有将自己最看重的一两点作为标准，才能选择到一个真正合适的人生伴侣。

同样的道理，要想让下属企业或部门摆脱亏损的局面，一定要在诸多业务中进行精简，围绕最重要的核心工作集中资源。**很多人都觉得，企业倒闭是因为经营不善，其实不然，很多时候其实是由于业务太繁杂造成的。**

当我被任命为亏损部门的领导者时，我所做的第一件事就是缩减业务量（产品生产和开发的数量），大胆砍掉了许多没有必要开展的工作。后来，我又按照重要程度给各个部门排了个序，砍掉了一些没有用的部门，把资源向能够创造核心价值的部门集中。

当然，在这一过程中，我也听到了很多质疑的声音。员工为了证明自己存在的价值，通常都会不断强调自己所负责的业务有多么重要。为此，我对那些反对我的人说：

“金专务（这里不指名道姓，以金专务称呼）家里有几个妻子？您以为现在还是封建王朝时期吗？那个时期允许纳妾，因此除了原配，男人还可以同时娶小妾。在现代社会，我们只能娶一个妻子。对于企业来说也是一样的，绝不能眉毛胡子一把抓。”

可令人不解的是，虽然大部分员工同时处理着许多不同类型的工作，他们却仍坚持说自己的工作方法很高效。到目前为止，我见过的人当中，似乎没有人主动承认自己“不专注”。

因此，对于企业的各级领导者来说，要想做到“专注”，必须要将工作排序，标上“第一、第二、第三……”这样的序号。这样做的目的是为了搞清楚，自己到底同时在做多少件事情。显然，对于领导者而言，最重要的并不是自己做了多少件事情，而是在众多事情当中，应该专注什么？

重要性排序：让所有员工心中有相同刻度的尺子

任何企业出现亏损的局面都有它自己的原因，无法一语概括，因为每个企业有很多部门，每个部门又有许多从事不同工作的员工。

每次担任亏损公司的领导者时，我都会首先按照业务类型将员工们进行分类，然后让他们按照重要程度，对牵扯该业务的各部门所负责的具体工作进行排序。显然，开发部、制造部以及营销部的员工所给出的排序肯定是不同的，比如，开发部认为最重要的工作，营销部可能只把它排到第三。

对于制造业企业而言，其最重要的任务就是开发优质的产品，然而通过各道生产工序高效地把它们制造出来，再拿到市场上销售，满足消费者的需求。这就要求企业下设开发部、制造部以及营销部。按理说，这三个部门应该为了共同目标而紧密合作，从而为企业创造业绩。然而，在现实生活中，在大多数亏损企业，三个部门对业务重要性的认识却是各不相同的，完全是各自为政。

如果是这种情况，那么领导者的应对措施反而简单了，只要为下属设定好工作的重要性顺序，让开发、制造和营销各部门之间遵守工作重要性顺序即可。不过，切记，在设定工作的重要性顺序时，要严格确定出“1、2、3、4、5……”所有部门都有一个共性，愿意按照惯例去工作，循规蹈矩。因此领导者在设定工作的重要性顺序时一定要慎重，要用具体数字排好，避免出现混乱。

有很多领导者到了一个新企业后基本没有什么作为，还有的领导者会随时更改工作的重要性顺序，甚至自己都不遵守自己设定的重要性顺序。这样的人肯定不会成为好的领导者。

目前，所有企业都面临着越来越激烈的竞争，由此导致各种经营策略不断涌现。有人提出，对工作的重要性进行排序根本没有任何意义。他们认为，在这个竞争日益激烈、新兴技术层出不穷的时代，对工作的重要性进行排序的方法有些太死板了，弄不好就会在竞争中被淘汰。要对每一项工作给予同样的重视程度，只有这样才能超过对手，在竞争中取胜。然而，即便如此，我认为，也一定要设定一个期限。

假设有两个项目都很重要，而且实在无法区分哪一项目更为重要。考虑到情况紧急，这两项工作必须同时启动，不能拖延。每遇到这种情况，我都会设定一个期限。例如，虽然两个项目同时启动，但是要告诉员工“3 个月后，必须在两个项目中选择出最重要的那个”。这样就可以将期限准确地设定为 3 个月。

两个项目同时启动，看上去似乎很完美，但不要忘记，这样会导致注意力分散。因此，我每次都会做一个规定，例如“截至每年 6 月 30 日，一定要将工作重要性的顺序排好！”一旦工作重要性的顺序设定好了，就可以集中资源专注地做这件事。当我负责亏损的三星子公司时，这种工作方式在大多数情况下都效果显著。**如果企业缺乏焦点，领导者优柔寡断，那么其结果肯定会不尽人意。**

格의 발견
优势的缔造

从苹果手机诞生想到的

2004年，在我就任三星电子总裁时曾发生一件事。当时，三星集团让我负责系统LSI事业部。接手该事业部后，根据其经营状况，我果断决定采取聚焦战略，只留下5个重要的项目部门，其余全部砍掉。大家都同意继续生产供数码电视使用的处理器，因为当时，三星电子自己生产电视机。大家都相信，如果继续努力的话，三星电子可以生产出十分有竞争力的电视机处理器。然而，我当时却提出继续生产手机应用处理器（Application Processor，Ap），没想到大家纷纷反对。那时候，三星电子的手机处理器生产规模排名世界第十，业绩平平。坦白地说，三星电子当时生产的手机应用处理器几乎找不到销路，但我却坚信，今后一定会有很多电子公司大规模生产手机。因此，我认为即便关闭其他部门，也要继续开发手机处理器，并且大力扶持该项目。

当时，全球的手机市场几乎都由芬兰诺基亚公司掌控。三星电子生产手机应用处理器，却一直找不到销路，于是，我理所当然将目标客户锁定在了诺基亚身上。为此，我亲自去诺基亚公司推销，请求它购买和使用三星电子的产品。我不但亲自为他们演示了我们产品的功能，而且还做了项目推广说明会，然而诺基亚的供应链负责人仍然对我们的产品一点兴趣都没有。针对我们的产品，他指出了一些问题，要等我们处理完这些问题后，他才会再考虑是否购买。

为了销售手机应用处理器，从 2004 年到 2006 年，我在诺基亚身上下了很大的功夫，可并没有什么显著的成效。于是，最初提出停止生产手机应用处理器的那些人，纷纷指责我判断失误，一时间我似乎成了三星电子的罪人。

终于有一天，我突然收到了美国苹果公司项目开发负责人的电话，他向我咨询了手机应用处理器的问题。坦白地说，我当时并不知道苹果公司为什么会对手机感兴趣，因为它可是电脑公司啊。我完全没有想到，电脑公司居然会生产手机。我把三星电子的新产品寄给苹果公司，他们回信说，让我们按照他们的要求做一下调整。

我们问过他们很多次，为什么需要这个零部件，但苹果的负责人从没有明确地答复我。2007 年，全世界皆知，苹果公司在其研制的手机上采用了三星电子生产的手机应用处理器。

让我醒悟的历史性瞬间

从那时开始，三星电子手机处理器生产部如虎添翼，系统半导体迅速发展，与存储器半导体一道，跃居世界第一。一方面是老天眷顾，另一方面也是因为我们聚焦 5 个部门的战略发挥了作用。当时，我坚信，手机市场的未来是不可限量的，而正因为我的坚守，公司才得以生存下来。

在这个过程中，我更加深入地认清了自我，自身能力也得到了提升。很多人应该仍然记得，乔布斯第一次宣传和推广苹果手机的场面。乔布斯身着一件黑色的高领毛衣，搭配一条牛仔裤，在新产品发布会上向全世界介绍苹果手机。当时，我作为半导体供应商代表也受邀来到现场，并坐在前排。我们主要为苹果公司提供手机的主要零部件——存储器。

那是一个令人难忘的历史性时刻。直到出席那次活动之前，我都没有想到苹果会进军智能手机市场。在发布会现场的前排，我见证了这一时刻。产品推介做得太精彩了，至今很多人还时常提起。现场的所有人，包括我自己，都不由得感叹道：“哇，太棒了，真想买一台啊。”

那次产品发布会是苹果从电脑公司进军全世界手机市场的开端，在现场，我一边聆听着乔布斯的产品介绍，一边感慨，我切实地感受到自己的差距到底在哪里。我没有预想到苹果公司会进军智能手机这一新兴产业。三星电子虽然抓住了机会，成了手机核心零部件的供应商，但从没有想到要生产手机。

智能手机根植于通信产业，而苹果当时只是一家电脑公司，与通信产业毫无关联，所以我没能预想到苹果公司会往这一方向发展。我的判断失误就在于，低估了那些跨界者的行动力。世界在以光速向前发展，我却安逸地守株待兔，这件事让我深刻地反省。

亏损部门：在根本原因的基础上寻找解决之道

本小节我想再谈一谈亏损企业。如果你领导的是一个亏损企业，那就要像急诊室里的医生一样，时刻准备应付突发状况。亏损企业会发生无数让你预想不到、让人头疼的事情。要么新产品不符合市场需求，要么部门之间缺乏沟通，要么公司内部充满了尔虞我诈。

医院的急诊室也是如此，各种伤者和患者都会云集于此。腿骨骨折的人，阑尾炎发作的人，吃饭噎食的人，每个人情况各异。如果你是亏损企业的负责人，那么你必须像急诊室的医生那样保持清醒的头脑，迅速做出判断并采取措施。按照患者的病情和症状，马上安排实施手术，安排去做核磁共振，或者安排去看专家，让专家确诊。

亏损企业的领导者在做判断时一定要迅速，想方设法弄清楚亏损的原因：因为缺乏根本技术？因为现有技术不合消费者所需？因为生产效率低？因为营销能力缺乏，从而导致产品没有销路？如果一味地拖延时间，急诊室的患者可能就难逃死亡的结局。如果你掌管的亏损公司真的没有任何起死回生的希望了，那么一定要大胆地宣布死亡，关门大吉。

关闭：不要在沼泽中越陷越深

我也曾经将自己管理的子公司出售给国际公司。清算子公司并非易事，一定要慎重考虑，并采取严密的后续措施。事实上，关闭并出售子公司也是企业经营的重要组成部分。随着新旧技术的更替和市场的变化，有时领导者不得不解散曾经正常运营的子公司。

曾经有一度，三星集团让我去负责硬盘（HDD）业务。我了解后发现，这家子公司的亏损情况十分严重，无论采取什么方法，都不可能扭亏为盈。于是，公司内部经过讨论后认为，三星硬盘已不可挽救，最好的办法就是尽快出售。这时正好有一家日本公司愿意收购，为此，三星集团督促我尽快出手。

然而，从日本公司开出的收购条件来看，将子公司出售给他们，不但赚不到钱，反而要倒贴钱。因为三星硬盘的亏损额度实在太大，这家日本公司虽然愿意收购，但却不愿意让自己承受损失，所以提出了十分苛刻的收购条件。于是我跟总公司说，我一定会出手，但不会亏本出售。可是总公司还是让我立刻出手，一份又一份的内部报告显示，为了减少亏损额度，即便亏本也要马上出手。然而，我还是坚持着。这就像嫁女儿一样，看着自己辛辛苦苦养大的女儿出嫁已经很让我心痛了，怎么还能倒贴钱呢？

我解散了三星硬盘拥有的三条生产线，并要求员工尽最大努力去提升产品的技术含量。其实，三星的硬盘在技术上拥有极强的竞争力，只是因为生产规模不佳，所以在价格方面缺乏竞争力。然而，我们的运气真的很好，当时恰逢生产硬盘的美国西部数据公司收购了日本的日立公司，在硬盘业掀起了一阵巨浪。美国的希捷公司是西部数据公司的竞争对手，前者听说西部数据收购了日立，扩大了公司规模，马上与我们取得联系，希望能够高价收购三星硬盘。

在这之前，希捷公司对三星硬盘根本不感兴趣。不过，当听说竞争对手打算进一步扩大硬盘生产规模后，希捷立刻转变方向，希望通过收购三星硬盘与西部数据公司相抗衡。希捷对三星的产品进行了评估，觉得我们的产品性能很好，于是提议用它的生产线直接生产三星的硬盘产品。三星集团最高领导层迅速做出决定，交易成功完成。无论是希捷，还是三星，都对这笔交易的条件感到满意。

这绝对算是三星集团历史上最成功的一笔子公司出售交易。在收购三星硬盘后，希捷也凭借生产线的规模优势，大获成功。这笔成功交易的让我们两家公司实现了双赢。

不仅如此，这笔交易还带来了极大的衍生收益，这是开始时所有人都没有预想到的。将三星硬盘出售给希捷公司以后，三星硬盘的最重要的开发人员都转到了大容量半导体存储器部门。这些人了解存储器的特点，到了新部门后，马上接手了半导体存储器的开发工作，为三星电子成为固态硬盘领域的龙头企业立下了汗马功劳。

投资：必要时要敢于加大亏损

当经济不景气时，企业经营者都很犹豫，是否要继续扩大业务规模。尤其是当经济萎靡、公司持续亏损时，很多企业经营者都会裹足不前，纷纷减少投资。然而，经济总是起伏不定的，如果在经济不好时停止投资，那么就很难抓住经济好转后的机会。因此我个人认为，在经济萧条时，也可以考虑大胆地进行投资。

假如我负责的部门出现了亏损局面，如果未来可能好转，那么就算现在连续亏损也无妨，反正无论是亏损 1 亿韩元，还是 2

亿韩元，差别并不大。如果未来有可能好转，那么即便现在亏损10亿，为今后着想，最好再投资10亿韩元。当然，弄不好也会亏损20亿,但不要害怕,只要持续大胆投资,最后肯定会转亏为盈。

有时，三星集团会任命一些年轻的管理者负责亏损部门或者经营不善的子公司。这些年轻的管理者通常能力很出众，而公司希望他们在危难之中能力挽狂澜。我问这些人，如果管理不善导致亏损部门彻底倒闭，那么他们怎么应付自己失业的后果。大部分人都会回答说，反正也不愁吃穿，一样可以维持生活。这时我就会提醒他们，做好随时被公司辞退的心理准备，把亏损部门看作自己这辈子最后一个单位，好好工作。我的意思是，既然失去工作也不会有问题，那真心希望他们能够破釜沉舟，不给自己留下任何遗憾。

其实，大部分的企业经营者之所以临危受命，往往是因为公司希望他们能力挽狂澜。因此，我对这些年轻的企业经营者说，反正现在公司已经处于亏损的状态，那么短时间内不要想着扭亏为盈。

一般情况下，在开始接受亏损部门时，水平低的管理者往往都想赶紧勒紧裤腰带，减少投资，降低支出，尽可能地缩小赤字额度。

“如果未来可能好转，那么就算现在连续亏损也无妨，反正无论是亏损1亿，还是2亿韩元，差别并不大。如果未来有可能好转，那么即便现在亏损10亿韩元，为今后着想，最好再投资10亿韩元。当然，弄不好也会亏损20亿韩元，但不要害怕，只要持续大胆投资，最后肯定会转亏为盈。”

然而，我告诉这些人，没有必要那样，反正部门已经亏损，反倒应该聚焦未来而大胆投资。甚至，有时我还劝他们，必要时，还要进一步扩大亏损。如果生产需要新机器，一定要买。否则，员工们还得加班加点修理老旧的机器。“我们发挥团队精神，把坏的机器修好了”，这种说法并不一定会让企业受益，反倒有可能造成损失越来越大。

因为修理坏机器不是我们的本职工作，我们是要利用机器生产产品，然后在市场上销售。**因此指望勤俭节约、精打细算是不能解决问题的，一定要大胆投资，才能摆脱亏损。**对于在一些亏损企业里任职的企业经营者来说，坚持信念、永不言弃，才是最重要的。

当那些年轻的同事们被调去负责亏损部门时，他们总是满心不情愿。每当这时，我都对他们说：“朴社长，你应该去公墓看看。在墓碑上，只会标明死亡本身。没有一块墓碑上会写明，亡者到底是被枪杀的，被刀刺杀的，还是被饿死的。死了就死了，亏损1亿韩元还是2亿韩元，到头来都一样，不忘初心，好好干吧。如果有必要的话，亏损数额再扩大了又能怎样！如果朴社长觉得投资有必要，赤字额度再大也无妨。”

作为企业经营者，他最大的幸福莫过于带领企业实现蜕变。在这一过程中，企业经营者会有一种重获新生般的喜悦。

新项目：围绕业务的深层逻辑做文章

新设立的项目一般可以分为两种类型：1. 其相似技术在市场上已经存在；2. 市场完全空白，新技术将开辟一个全新的领域。无论属于哪一种情况，开展新项目都需要一种完全不同的领导力和经营策略。

成熟市场：寻找与固有竞争力的协同关系

如果市场上原本已经存在类似技术，那么新进入企业一定会遇到已经站稳脚跟的强劲对手。因为率先开发推出该技术的企业已经占据了市场优势，为了迎头赶上，后进入的企业必须要拥有核心竞争力。

如果已经站稳脚跟的企业完全占据了核心地位，那么其他企业就要重新考虑是否要进入该领域。我的建议是，企业新拓展的领域不要距离自己拥有核心竞争力的领域太远。在这里我想再次强调，即便已经到了山穷水尽的地步，如果没有一个强有力的后盾，也绝对不要跨到其他领域。只有拥有了强大的后盾，才能够产生协同效应。不要只是为了扩大销售额，去投资新项目，这是经营的基本原则。

为了进一步提升公司业绩，企业并购不失为一个好办法。三星电子曾经并购了美国汽车零部件制造商哈曼国际，从而将业务拓展到电动汽车领域。因为三星电子本身属于电子公司，因而将业务拓展到电动汽车领域并不算跨界。正是通过这种并购，三星电子进一步拓展了业务范围，提升了自身业绩。因为两个企业的发展目标不同，所以需要将二者进一步整合。并购完成后，新公司的运营管理最好交由其原班人马负责，这样才能保证经营的流畅性。虽然对基础设施进行了整合，但三星电子也不会贸然干预对方公司原有的经营自主权。

接下来就需要考虑人员聘用的问题了。三星电子新进入的这个领域竞争十分激烈，而且原有的巨头企业已经牢牢地占据了市场。在这种情况下，要想挤入这个领域，必须聘用该领域最优秀的人。对于已经存在先行者的领域，作为一个后来者，要想在这个领域中崭露头角，必须要拥有核心竞争力，而且必须要聘请掌握这种核心竞争力的员工，才有可能赶超那些先行者。

全新市场：组建充满热情的生力军

那么，如果市场上还不存在类似技术时，企业该如何推进新项目呢？在开拓新技术领域时，企业需要选拔能够承担特殊工作的员工。我们可以将其称之为“特种兵”。因为在市场上从没有出现过这种技术，所以我们就需要将这些技术转化为商品，而这将冒极大的风险。从我个人的经验来看，当企业开展新项目时，在选拔员工方面，与其选拔那些能力出众的人，不如去选择一些有工作热情的人。即使必须要在技术能力超群的人中去选拔，也一定要把热情放在第一位。

在很多大企业中，新项目之所以失败，其原因归根结底就是员工选拔问题。这些公司往往聘用一些能力出众、经验丰富的员工，去开展新业务。企业规模越大，这种倾向越突出。这类员工无论走到哪里，都能发挥个人专长，因此很多企业都会千方百计挖走他们。

能力超群的人往往愿意独当一面，他们希望能够干出一番业绩。然而，新开展的业务很难马上见到收益，导致他们的能力很难显现出来，所以这些人往往不愿意参与新业务。不仅如此，过去他们所取得的业绩往往会成为他们继续前进的绊脚石。不过，在开拓新业务时，很多大企业还是普遍喜欢聘用优秀人才，我也曾经这样做过，但结果却不尽人意。

相反，如果你选拔一些“我愿意从事这项工作，我一定会尽自己所能”的人，那么他们一定会珍惜这份工作，希望自己能够得到公司的赏识。这样的例子我见过很多。他们高涨的工作热情有助于公司在开展新业务时攻克难关。在困难面前，拥有热情的人比实力超群的人更有干劲，更能迎难而上。我个人认为，在开展新业务时，即便是某人能力稍微逊色，但只要他拥有百折不挠的勇气和鞠躬尽瘁的精神，就一定可以胜任。因为在新业务面前，热情永远都是第一位的。

生态：保障新技术项目成功的四大条件

在这一小节中，我还想继续探讨如何通过新技术项目开拓市场的问题。个人认为，新技术项目要想取得成功必须具备如下条件：

1. 创意（idea）
2. 自由（freedom）
3. 市场（market）
4. 奖赏（reward）

有开发新技术的创意；有相对自由的企业文化，为员工发挥创意提供空间，还要能够接纳员工尝试的失败；有市场，保证产

“在开拓新技术领域时，企业需要选拔能够承担特殊工作的员工。我们可以将其称之为‘特种兵’。能力超群的人往往愿意独当一面，他们希望能够干出一番业绩。然而，由于新开展的业务很难马上见到收益，导致他们的能力很难显现出来，所以这些人往往不愿意参与新业务。相反，如果你选拔一些‘我愿意从事这项工作，我一定会尽自己所能’的人，那么他们一定会珍惜这份工作，希望自己能够得到公司的赏识。这样的例子我见过很多。

在新业务面前，热情永远都是第一位的。”

品或服务的销售；为员工提供优越的待遇。想保证在新技术领域大获成功，这四个方面缺一不可。

正因如此，在韩国，初创公司直到如今都没大获成功的先例，而美国的情况却完全不同。美国的大学和大企业始终都在大力提倡新技术，因此新创意总会源源不断地涌现，以斯坦福大学为中心的硅谷就是最具有代表性的例子。相比之下，韩国在产学研结合方面还有很大的差距，因此很难产生具有颠覆性的创意。在政策和法律上，韩国对新兴产业的限制规定很多，造成启动新兴产业困难重重。另外，韩国还缺乏股票期权这样的保障制度。连股东表决权都不具备，如何能够保障创业者的经营权？

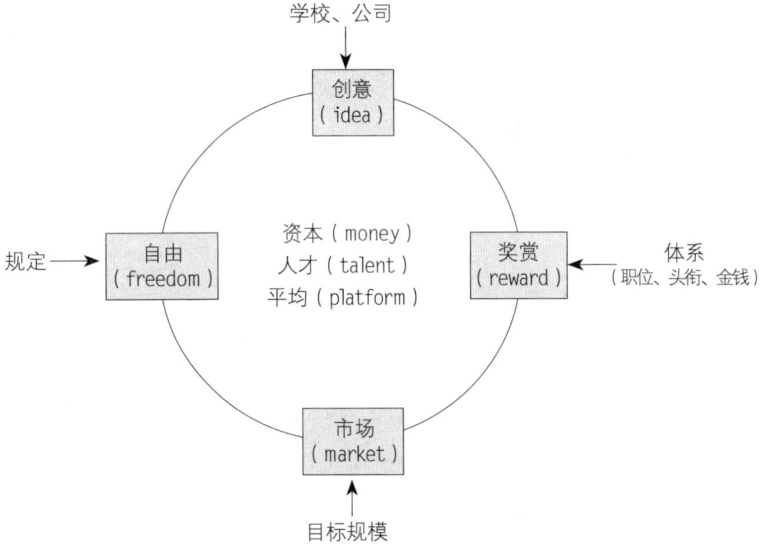

图 3-1 初创企业的成功必备条件

虽然政府和大企业都在反复强调初创企业精神，但从韩国的现实情况来看，初创企业要想取得成功十分困难。当然，并不是说只要上述条件具备了，初创企业就一定可以成功，因为初创企业的成功与否还与其他因素有关系。

启动新项目，通常涉及资本、人才和平台这三个要素。韩国为扶持初创企业，会给予初创企业一定的资金支持，然而初创企业为什么依旧无法取得成功呢？显然，问题出在了人才上——缺乏拥有企业家精神、愿意主动承担创业风险的人。大部分的韩国人不愿意去创业，而是想做教师或公务员这样比较稳定的工作。当然，韩国的文化也缺乏包容性，只许成功，不许失败。一旦创业失败就无法东山再起。其次，还需要平台。据我所知，政府对新技术项目会给予一定的资金援助，但对其发展所需要的技术、法律以及经营方法方面却鲜有支持。

在美国，初创企业在资本、人才和平台方面都能获得大力支持，因此能如雨后春笋一般纷纷涌现。很多人都说，以色列是不是也属于这种情况。以色列也有很多初创企业，但以色列本国市场狭小，很多企业无法做大做强，因此不得不通过与美国硅谷合作或并购一些小公司，进军国际市场。

最近中国在这三个要素方面越来越出众，中国的初创企业取得了令人刮目相看的惊人增长。显然，中国掌握了打开财富之门的钥匙，未来肯定会产生更多的世界级富豪。

谈判：不要太执着于“1加1等于2”的结论

最后我想谈一下谈判策略，因为从事企业经营就难免会经历无数次的谈判。从广义上来说，对新员工进行的面试其实就是一种谈判，向政府部门申请开展新业务和开拓新的市场，实际上也属于一种谈判。因此，对于一个企业经营者来说，一定要掌握谈判技术。特别是创业者或者新项目负责人，一定要学会谈判技术。

最近，越来越多的工程师开始从事管理工作，我本人也属于这种情况。技术革命所产生的影响无处不在，催生出无数新的产品和服务，而工程师们是这个过程的参与者和实践者。因此，工程师出身的人自然而然就开始走上了职业经理人的岗位。这也是整个世界的趋势。

然而，工程师出身的职业经理人也有他们自身的局限性。大部分的工程师都受过这样的训练，要想从事开发工作，必须思维缜密、逻辑清晰，1 加 1 只能等于 2。慢慢地，他们的行动和思维都变得很严谨，这使得工程师出身的职业经理人往往缺乏发散性思维，任何事情都愿意讲原则，循规蹈矩。

然而，经营企业往往不能按常理出牌。当然，如果太有悖常理也有问题，但企业经营既要靠理性，也要靠感性。有时候 1 加 1 不等于 2，等于 3，还有的时候 1 加 1 等于 1。特别是和客户谈判的时候，一定要记住，很多时候 1+1 等于 2 的逻辑是行不通的。

和客户谈判，一定要谨记如下三点。

通道：不要把解决问题的大门彻底关死

谈判桌上，大家为了各自的利益往往爆发争执，但是在谈判结束时一定要好聚好散，面带微笑、握手言和，只有这样才能有下一次的见面。切记，千万别把谈判对手视作仇人，并摆出绝交的架势。虽然这次谈判失败了，但下次还可以谈，关键是寻找解决对策。

“工程师出身的职业经理人也有他们自身的局限性。大部分的工程师都受过这样的训练，要想从事开发工作，必须思维缜密、逻辑清晰，1 加 1 只能等于 2。

经营企业往往不能按常理出牌。当然，如果太有悖常理也有问题，但企业经营既要靠理性，也要靠感性。有时候 1 加 1 不等于 2，等于 3，还有的时候 1 加 1 等于 1。特别是和客户谈判的时候，一定要记住，很多时候 1+1 等于 2 的逻辑是行不通的。”

当我们坐在谈判桌前，特别要注意谈判临近尾声时的言辞。当谈判脱离自己所期望的轨道时，更要注意这一点。当谈判即将结束时，最好不要过于强调自己的观点，可以换一种方式结束谈判。例如，你可以说："你说的对，我的想法有些过于牵强，请给我一些时间，我会慎重考虑，下次再见。"这样说的话，你就为下一次见面做好了铺垫。

倾听：给自己更多的思考时间

那么第二次谈判的时候应该如何做呢？从我 20 多年的管理一线实践经验来看，当对方的谈判地位远远大于自己，或者远远不如自己时，谈判反而很容易结束。简单地说，就是一方没有什么回旋的余地。如果双方的谈判地位势均力敌，那么会怎么样呢？大家彼此都觉得对方更希望达成协议，因此任何一方都不会让步。这种情况下，谈判桌上经常会笼罩着十分紧张的气氛，那么该如何处理呢？

首先，我通常不会率先阐述自己的意见，而是给对方机会，让对方先陈述自己的观点。我会问他一些问题，比如，为什么要跟我谈判？为什么开出这个条件？为什么一定要这样？这时，对方回答的时间越长越好，越详细越好，一定要引导对方多说。一定要有耐心，倾听对方的发言。

人的大脑无法边说边思考，在听的时候，却可以思考各种问题。说话的时候，大脑只能保持单任务模式，听的时候却可以保持多任务模式。在谈判的时候，我们正是在利用大脑的这种功能。在对方不断陈述的过程中，我会一直思考和寻找对方逻辑上的漏洞。无论先前准备得多么周密，真正开始说话的时候，对方一定会暴露缺点。尤其是，我听的时间越长越好，因为我可以编辑我自己的想法，抓住对方逻辑上的漏洞，给出强有力的反击。

当对方说完了，我就会针对对方的发言进行提问，当然提问的内容都是对方逻辑上的漏洞。对方越是招架不住，越要继续向对方提问。我会不停地提问，直到我自己在谈判中拥有绝对优势。在谈判过程中，当你占据主动后，就可以主导谈判的进程，让谈判随着自己的节奏进行。在谈判中，最重要的不是自己开出的条件，而是要确保自己在谈判中的位置，至于自己想开出的条件，以后再说也无妨。

先行一步：要学会像检察官那样提问

关于谈判的第三个秘诀，我是从检察官身上学到的。检察官在审问犯罪嫌疑人时所使用的提问方式给了我很大的启发。检察官绝对不会直截了当地逼问对方："人到底是不是你杀的？"如果你这么直截了当地问，那个人就算是真的杀了人，也会回答说："我没有。"因此，检察官在审问时，第一个问题总是会问："你为什么要杀他？"这时，杀人犯便会乖乖地坦白说："我不是故意的，是不小心杀了他。"然后，检察官就会接着追问："你用什么凶器杀了他？"从这里就可以看出，检察官的提问方式比对方要先行一步，当检察官的提问走在对方前面时，犯罪嫌疑人就会惊慌失措，在回答问题的过程中不知不觉承认自己的所作所为。

在商务谈判过程中，也可以采用检察官的这种方式。我和客户进行谈判时，就使用过这种方式。A 公司打算采购三星电子的半导体器件，用在它明年生产的手机上。于是，A 公司的采购负责人便同我进行了一场谈判。

我并没有直接跟该负责人谈半导体器件的采购问题，而是先跟他探讨后年的元器件生产及开发计划。当我先下手为强，先提出后年的器件采购问题，这时那位采购负责人就会处于一种被动的境地。就像检察官直接提问："你为什么要杀他？"而不是"到底是不是你杀的？"

如果我告诉他们，其他公司现在跟我们谈的都是后年的采购计划，那么该采购负责人就会认识到，现在他们还在跟我们谈明年的采购计划，下手太晚了，必须更加尊重我们的立场。如果连后年的采购计划已经制订好了，那么其他公司明年的采购计划当然早就已经制订好了。

因此，在谈判桌上，即便我向 A 公司提出对三星电子有利的条件，A 公司也会遵从我的建议。因为其他公司明年的半导体采购计划已经制订好了，所以 A 公司会担心，弄不好的话，他们可能根本买不到明年要用的器件。请牢记，如果你比对方站在一个更加有利的位置，那么谈判就会沿着你所希望的方向进行。

초격차

第四部分

人 才

选才：人事永远是企业发展的头等大事

怎样才能做到慧眼识才？从哪里及怎样才能发掘优秀的人才？优秀的人才如何才能为我所用，共同开创公司的未来？人事是企业发展的头等大事，这是亘古不变的真理，领导者常常为此殚精竭虑。

在实际的经营活动中，所谓杰出人才往往指的是能创造业绩的人；即便在艰难的环境下也能创造出众业绩的人会被称为商业奇才。如果一个擅长企业经营的人可以养活一万名员工的话，那么这个人便是名副其实的商业奇才。

那么这种商业奇才应该如何发掘、如何培养呢？在本章中，我将同大家共同探讨人才管理的原则，特别是究竟该如何发掘与培养那些能主导未来发展的人才。

探索精神：优秀的人才都拥有极强的好奇心

随着全球化的发展，如今我们所生活的时代越来越多元化了，多种价值观并存。为了迎接未来，我们需要“多角度”地选拔人才。我在挑选人才时，只看重一点，那就是“好奇心”。我个人认为，“好奇心强的人”便是最优秀的人才。在这个全球化和多种价值观并存的时代，领导者必须是一个具有强烈好奇心的人。这种好奇心不是别人强加的，而是自发地对多个领域充满好奇，本能地愿意去探索。拥有这种好奇心的人才便是最优秀的人才。只有对事物充满好奇，才会愿意去探索这个多样的世界，进而发现世界的多样性。

我经常对人事部门强调，在人事聘用时，一定要从多个方面选拔拥有不同能力的人。切忌学历至上主义，否则会扼杀公司员工的多样性。选拔人才只看学历是非常危险的。比起名校出身的书呆子，拥有独特经历的普通大学生更为出色。

同样，对于个人来说也是如此。要让自己成为一个杂家，关注其他领域的动向和发展，带着好奇的眼光观察周围事物。对于其他不熟悉的领域，也要通过阅读书籍，或通过与从事相关领域的人进行交流，来获取新的知识。

前面我在谈到“选择与关注”时，举了“择偶”的例子，这个例子对于选拔杰出人才也同样适用。如果你问那些子女处于适婚期的父母们，他们对于子女择偶有什么看法，不难发现其中的共同点。这些父母都在寻找最佳的结婚对象——家境好、长相好、性格好、身体好、学历高的人。然而，事实上，满足所有条件的结婚对象是不存在的。

因此，从某种程度上讲，完美的配偶只是一种幻想。世界上没有完美的结婚对象，企业也不可能找到完美无缺的人才。因此，首先要明确在招聘时务必要避开的员工类型，将这些人从候选人中剔除出去，这才是高效发掘人才的第一步。

第一种需要剔除的类型就是，不善于倾听，不懂谦逊、傲慢无礼的人。一定要将这种人从候选人名单中排除。倘若这类人顺利入职或晋升的话，企业一定会倒闭。因此这种类型的人是组织中的“一级警戒人物”。

第二种需要从名单中排除的类型是，做事消极、态度悲观的人。有时候，我会选拔一些有经验的员工，在和他们谈话时，经常可以从员工中发现这种类型的人。这种人的口头禅是“那个挺难的，恐怕做不了吧”。这种人的消极情绪会传染，从而让他周围的员工们也变得消极。

第三种需要警惕那些喜欢在背后说闲话的人。公开讨论时，他们通常一言不发，一旦事情不顺时他们却开始发起了牢骚。这种人会破坏职场氛围，影响内部交流，因此也万万选不得。

当然，依据我的经验来看，想将这些人从候选人名单中排除，并非易事。无论经过多么严谨周密的人格测验、交叉核对，还是会存在漏网之鱼。毕竟，对于一个人的本性和潜力，我们无法像使用显微镜那样，检查得一清二楚。因此，首先要明白，“一眼识英才”并非易事。因此，比起“如何选拔人才”，我更注重“如何培养人才”。

可塑性：寻找人才不能完全靠“捡漏”

正所谓“十丈深水易测，一人真心难量”，刚开始接触一个人时，我们无从得知这个人身上的优点和潜力。不过，通过教育、训练以及经验的积累，有的人未来很可能会成长为卓越的人才。也就是说，与其纠结于如何得知某人的根底，不如好好琢磨应该朝哪个方向培养他。名校出身、成绩优异的人，将来一定会成为优秀的企业人才吗？当然，我们不是否认学历这种显性因素的价值，但是也应该明白，这些并不是决定性因素。

由于无法得知一个人内在的东西，所以人们更倾向于通过言行举止等外在因素去判断一个人。然而，这样一来，比起优点，人们总是最先发现一个人的缺点，进而根据这些缺点来决定人才的去留。这一特点在韩国职场表现得尤为突出。事实上，如果不是存在致命性的缺陷，经过良好的培养与改造，很多人都有可能成为优秀的人才。当然，尽管如此，我还是愿意先看阴暗面。

在人才选拔与培养的过程中，领导者发挥着至关重要的作用。前面我说过，有些人会破坏企业的组织文化。在清除这些人之后，领导者接下来就应该搭建一个大小适当的“人才库”。在进行这一步时，不要忘记，世界上没有符合所有条件的人。拥有超强的领导力，待人处事亲切周密，对未来有敏锐的洞察力，同时又善于掌控细节，这种人才一开始是不存在的，而打造这样的人才便是领导者的使命了。

我将员工分为以下四种类型，并根据不同类型制定相应的方案。

A：积极主动型（preventative and proactive）

这种人自身有极强的自我驱动力，对事物充满好奇心，遇事积极应对。这种类型的人是最理想的人才。

B：完善反馈型（corrective and reactive）

B 型人才可以用“条件反射”来形容。这种类型的人一旦出现失误或认识到自身的不足便会立即修正，自我完善。比起自我觉醒与自我开发，更多地依靠外界变化或刺激来调整行动。

C: 消极软弱型（passive and inactive）

D: 防守阻断型（defensive and interruptive）

C、D这两种类型的人我在前面强调过，一定要从人才库中排除的。这些人事事悲观消极，对自身以及企业的发展毫无热情，阻碍公司发展，根本没有必要讨论。

从现实角度来讲，直接发掘到A型人才的概率极低，难度也不亚于上天揽月。这类人大多都在摸索自主创业的机会，而且一旦创业，也很可能取得成功。因此，这类人根本不会选择进入企业。

领导者当然希望能够发掘这样的人才，并说服他们到自己的企业工作。不过，现实中，这种人才少之又少，找到他们就如同大海捞针。

除新进员工外，每当选拔有工作经验的员工或者任命高管时，我最看重的是他们对待工作的态度，首先看他们是否具备挑战精神。“我对那个领域不太了解，我还是做好我熟悉的领域吧。”说这种话的人，没有资格成为领导者。这种人不适合领导者的职位，应该给他安排其他的职位，引导他朝着其他方向发展。

例如，很多年前，三星电子采用了“专家和高级研究员”制度。有很多人，他们虽然拥有卓越的技术开发能力，但对企业经营丝毫不感兴趣。虽然擅长开发新产品，但缺乏领导才能，针对这类人，可以授予他们高级研究员职位，级别相当于高层领导者。由于这类人缺乏组织管理能力与经验，所以他们必须要接受一个现实，那就是比自己后入职的年轻人有可能成为自己的上司。不过，只要让他们能在自己擅长的领域内施展拳脚，这些人一般都会接受自己的职位，并充分发挥自己的才能。

成长性：要为员工的进步提供空间

在人才的培养和管理方面，中层管理者发挥着重要作用。无论领导者自身有多么求贤若渴，但实际上未来要与这些人才共事的却是中层管理者。因此我时常对中层管理者强调说：

"各位大都已经成家了。拥有一个幸福美满的家庭是我们所有人梦寐以求的事情，我们努力工作想必也是为了让家庭生活更加幸福。"

"那么，各位是如何维持家庭幸福的呢？你们希望子女如何成长呢？我相信所有人都希望自己的子女将来可以出人头地。企业的发展其实同样如此，各位的下属员工们便是各位的子女。"

"因此，如同养育子女一样，各位在工作过程中要帮助和支持下属员工，使其获得良好的成长与发展。各位之所以晋升为中层管理者，就是希望你们可以如同养育子女一般，好好照顾下属员工。那些为了提高部门业绩而压榨下属的管理者绝不是合格的管理者，就如同辱骂子女的父母不是合格的父母一样。"

"各位应该努力赢得员工的尊重与爱戴。有的人说，在自己担任管理者期间，一定要干出一番业绩，然后晋升到更高的职位，这样的人很快就会认识到自己的想法是错误的。”

“幸福美满的家庭要建立在父母与子女彼此爱护的基础之上。父母都希望子女比自己生活得更好。一个企业亦是如此。如果企业的领导者和中层管理者可以齐心协力，共同致力于优秀人才的培养，那么这个企业的未来必定一片光明。”

匹配度：所有现成的能力都容易过时

大家都说，人才必须安排在合适的位置上。因此，很多人事部门或猎头一直为发掘适合部门发展的人才而煞费苦心。然而，在我看来，这种传统意义上的“业务—人才”模式存在一定的问题，时常会出现不匹配的现象。

简单来说，如今每一个领域的知识都呈现出指数级增长的态势，要想将人才安排到合适的位置上是很困难的。例如，费了九牛二虎之力找到了能力适当的人选，但相关领域却已迈入了新的发展阶段，那么这个人的才能便毫无用武之地了。因此，在经营环境急速变化的情况下，将人才安排到合适位置的做法已经行不通了。

相对而言，一个人对待工作的态度、思考问题的方式变得越来越重要了。我已经反复强调过，我们首先要明白，世界上不存在和某项工作完全匹配的人。因此，企业应该寻找工作态度积极向上、学习能力与解决问题的能力强的人才。多年的经验告诉我，在人事任用方面，不要费尽心思去寻找能力与职位相匹配的人选，而应该更多地去发掘那些具有可塑性与潜力的人。

大局意识：从企业生存的角度思考人事安排

“人事是头等大事”，很多人认为，只要人事管理做得好，所有问题都会迎刃而解。这种说法虽有道理，但很难真正付诸实践。在几十年的职场生涯中，我看过太多相反的情况，高层领导者经常利用自己手中的权力干涉人事问题。在很多情况下，人才的选拔并不是出于人才自身的可塑性和潜力，而是想用人才来弥补领导者能力上的不足，又或者是为了获取某种利益。

在企业经营的过程中，最大问题便是“人事”问题。假设有一个人能力很突出，每次交付他的任务都能超额完成，从而为企业带来了巨大的经济利润。然而，这个人的性格不太合群。他知道自己能力出众，因此自觉高人一等，在企业内部不断制造纠纷。

这种情况应该如何处理呢？是应该让那个有能力的员工继续待在原有的位置上不闻不问呢？还是应该换一个业务能力稍逊，但能与同事和平相处的人呢？

对于这个问题，大企业和中小企业的解决方法各不相同。大企业可能会为了维持企业内部秩序而换掉那个人。中小企业由于人力欠缺，因此即使有能力的人总是引发矛盾，可能还是会让他继续留任。这样的人才，弃之可惜，但放任不管，又会引发同他人的矛盾，真是让人骑虎难下。

面对这种情况，我始终坚持，所有的问题都不要仅仅看当下利益的盈亏，而是要从企业生存的角度思考。尤其是在解决与人事有关的问题时，绝对不能让某一个人或某一个部门影响到整个组织的生死存亡。这种做法非常危险。因此，即便当下利益可能受损，但也要接受现实，迅速制定相应的解决对策。**倘若一个人的离开会造成整个企业陷入瘫痪，那只能说明前期的人员配置存在严重问题。因此一定要杜绝此类现象发生。即使当下利益受到损害，也要将影响组织发展的人从队伍中清除掉，然后再做下一步的打算。**

虽然听起来很残酷，但身为企业的领导者，在面临关乎企业生死存亡的问题时一定要保持冷静，迅速做出判断。即便那个人能为企业创造收益，也未必是好事。

“在企业经营的过程中，最大问题便是‘人事’问题。假设有一个人能力很突出，每次交付他的任务都能超额完成，从而为企业带来了巨大的经济利润。然而，这个人的性格不太合群。他知道自己能力出众，因此自觉高人一等，在企业内部不断制造纠纷。

这种情况应该如何处理呢？是应该让那个有能力的员工继续待在原有的位置上不闻不问呢？还是应该换一个业务能力稍逊，但能与同事和平相处的人呢？”

3R 方案：组织不能成为个人的附庸

面临上述员工时，我会怎么办呢？

首先，要冷静判断，看这个人是应该接受二次教育（Repair），直接辞退（Remove），还是应该调换岗位（Replace）。这三个方案的名称，在英语中都是以大写字母 R 开头的，因此它们又被称为“3R 方案”。这套理论听起来多少有些不近人情，因为在某种程度上似乎没有把人当作生命个体来对待，而是看作机器零件。

不过，仔细了解后，你会发现，这里提出的“3R 方案”在本书第一章中提到的“4R 对策”中也有所涉及。也就是说，从新进员工到高层领导者，在人才的选拔和任用方面，我的想法是一脉贯通的。

一个合格的领导者要始终清楚一点，每个员工都是活生生的人，而不是冰冷的机器零件。不过，我现在谈论的是一种极端假设：全体员工的命运都取决于某一个人，没有那个人的话，企业的正常运转就会受到巨大的影响。

如果企业的未来发展与这个人密切相关，那么要对此人进行仔细分析，判断其是否可以接受二次教育。如果通过再教育也于事无补的话，就要考虑可否将其调到其他非关键岗位，这样就可以减弱其在组织内的绝对影响力。当然，这时通常会有人反对，如果遇到这种情况，那么要果断地将其从队伍中“清除”。如果组织的未来命运取决于某个人，那么这样的组织肯定是走不远的。

教育：扎实的基础是持续进步的根本保证

韩国当前的高考制度和大学的课程设置之间存在严重的矛盾，效率极低，原因在于高考科目设计得过于复杂。韩国江南区有一条街，整条街上都是各种各样的课外补习机构，这些机构为了能让学生考入名牌大学使出了浑身解数。在韩国，大学入学审查的方式极其复杂，就连高中老师都不能完全弄清楚，因此考大学演变成了一场信息大战。久而久之，韩国社会中出现了一种怪象，能否进入名牌大学并不是看学生的成绩是否优异，而是看谁的父母拥有更多信息。试想，这样的教育政策又如何能选拔出真正优秀的学生呢？

我经常半开玩笑地对各名校教授们说："选拔前 1% 的优秀学生，将其培养成韩国社会前 1% 的人才，这算什么大学教育？真正的教育难道不是应该至少选拔社会前 10% 的优秀学生，然后将他们培养成为国家前1%的人才吗？”

韩国的大学入学制度制定得如此复杂，目的就在于选拔社会前1%的顶尖人才。将这样的学生选拔出来，进行培养，这真的就是所谓的教育吗？对此我深表怀疑。

不仅如此，大学教育也缺乏效率。以工科大学为例，专业教育正在走下坡路。我曾经面试过理工科大学毕业的学生，没想到他们连最基本的专业知识都不熟悉。例如，既然专业是化工，那么理应掌握丰富的化工方面的专业知识。然而，实际情况是，教授们都认为应该向学生传授各个领域的知识。他们听了各种不同专业的课，最终导致哪一个专业都学得不深入。

专业性：先要构建最基本的核心竞争力

很多20岁刚出头的经管专业毕业生，没有任何社会实践经验，就因为大学期间学习了有关人事、财务、会计以及市场管理等方面的课程，便自视过高。然而，进入职场后，他们却要从底层开始做起，这时候，这些经管专业学生们才意识到，自己作为一个底层小员工，所从事的工作和高层管理者的工作有着天壤之别。这种巨大的落差使他们一旦遇到困难便无所适从，开始怨天尤人。因此，大学经管专业的相关课程需要从实际出发，进行调整。教育不能一味地给学生编织虚无缥缈的美梦，而要真正能够服务于实践。

有的人建议，要想提升眼界、开阔思维，就应该突破特定领域，进行多领域的学习。这种说法不错，学习掌握各种不同领域的知识当然非常好。不过，就像一个人要想成为一名画家，至少要通过无数次的练习来打磨自己的绘画能力。也就是说，要想成为画家首先要把画画好。如果想成为画家的人整天出入歌剧院，开始学习音乐，那么他就不可能成为出色的画家。当然，如果他在成为画家之后再涉足音乐领域，那就另当别论了，一个美术界的大家竟然痴迷歌剧，那是多么的潇洒啊。换句话说，对新员工来说，最重要的是掌握基本专业知识，拥有核心竞争力。对于一个就职于化工企业的新员工来说，他需要的不是经济管理方面的知识，而是化工领域的专业知识和经验。

阶段性：在不同的位置上学习不同的东西

我因为负责三星集团的经营工作，所以经常有幸被邀请到各大学做讲座。最初，我觉得这是一种社会责任，因此去大学做过几次，主要是和理工科的学生们分享我的人生故事。后来，因为企业的事务太多了，便无暇再去大学做讲座。不过，我依然十分喜欢同年轻人交流。一般我在做讲座时，都会设定一个主题，根据主题进行演讲，然后让学生们提问。

每次学生们都会问我这样一个问题："我以后也希望像您一样，成为一家大企业的领导者，现在我该做些什么准备呢？"因为我本人在大学上的是电子专业，后来又领导电子公司，所以来听讲座的大多是工科学生。很多同学担心，他们学的是工科，缺乏经管或人文方面的知识储备，可能很难成为企业的领导者。因此，这些学生经常会问，要想成为企业领导者，如何兼顾工学、经管学以及人文学方面的知识。下面是我与学生间的对话。

"您的演讲让我受益匪浅。我是一名电子专业的学生，将来想成为一家电子公司的 CEO，我应该做些什么准备呢？我是不是应该毕业后，再去商科学校，学个 MBA？"

"嗯，你的规划很好。首先我来问你一个问题。你们家有家族企业吗？"

"没有。"

"那你是打算到电子公司就职吗？"

"是的，目前是这样打算的。"

"那么，我再问你一个问题。你刚毕业，就会被公司任命为经理或总裁吗？"

"不，应该是新进员工吧。"

“没错，这就是答案。如果你们家有家族企业，你必须马上子承父业，担负管理公司的责任，那么你就应该选择去商科学校攻读 MBA。然而，像你现在的这种情况，以一个新员工的身份进入公司，首先会被分配到某个特定部门，经过几年的摸爬滚打之后才会逐渐被提拔为经理、总裁。因此，对于你来说，现在最重要的是进一步补充相关专业知识，培养自己在专业领域的核心竞争力。并不是说你读完了 MBA 课程，企业就会立刻让新员工来担任经理或总裁。”

我给学生的建议十分简单，凡事要“有主有次”。一个电子专业毕业的学生到电子企业工作，不会因为你多学了经管或人文课程，企业就会提拔你。你的专业是电子，这是主业，而经管学或人文学则是你的副业，不能主次不分。因此我建议学生既然入职电子公司，那就首先要专心学好工科方面的知识。

如果家里有可以接手的家族企业，那就另当别论了。会计和财务对于经营管理来说十分重要，因此一定要认真学习相关知识。没有企业可以直接接手的话最好还是先学好自己的专业。对于没有家族企业的人来说，只有掌握一技之长，才有机会晋升。因此，不要急于学习经管学或人文学，专注于自身专业的学习才是重中之重。至于经管学、人文学，成为经理或总裁后再考虑也不晚。

“你刚毕业，就会被公司任命为经理或总裁吗？因此，对于你来说，现在最重要的是进一步补充专业相关知识，培养自己在专业领域的核心竞争力。并不是说你读完了MBA课程，企业就会立刻让新员工来担任经理或总裁。

凡事要‘有主有次’。”

培训：先成才，再考虑如何成为管理者

我为什么会这样建议呢？因为我觉得，在一个人职位还比较低的时候，要让他能够充分发挥自己的优势。在大学期间，一个工科学生需要接受深入的专业培训，成为一个工科人才，学校教育的目的就是要让学生所学的专业成为自己的优势。

那么，随着级别的不断提高，教育方向又该如何调整呢？如果级别提高了，接下来就应该学习一些能够弥补自身不足的知识。比如，工科出身的学生可能对于会计领域的知识有所欠缺，那就应该学习有关会计方面的知识。也就是说，如果没有家族企业，那么就应该等你的级别提高了以后，再考虑去读 MBA。

然而，事实上，韩国的教育完全相反，大学生和企业新员工通常被要求掌握各种领域的知识，而对于经理、总裁反而只要求他们掌握专业知识。这是失败的企业教育模式。对于一个企业来说，应该引导新员工在专业方面做到“专精”，给中层管理人员提供培训机会，让他们能够弥补自身的不足。

因此，如果要提拔一个人当高层领导者，一定要观察那个人的整体能力。优秀的经营能力不能仅限于拥有某一个领域的知识，还要拥有统领全局的领导力和健全的人格。

然而，韩国的企业却完全本末倒置了，在提拔高层领导者时，往往将精通专业知识作为选拔的条件。相反，却让新员工接受各

种领域的培训，学习负担十分沉重。事实上，对于新员工来说，最重要的是首先学好自身的专业知识，之后再去涉及自己感兴趣的其他领域。

总而言之，我个人认为，新员工应该先加强专业优势，晋升之后再着重弥补不足，培养整体能力。

赋权：强化责任感要从细微处着手

企业和家庭有许多相似之处。企业是由高层领导者、中层管理者和普通员工组成的有机体，他们在“职场”这个屋檐下共同生活。家庭也是如此。丈夫、妻子和子女在“家庭”这个屋檐下，结成亲密的血缘纽带关系，共同生活。企业根据周围的经营环境，确定自己未来的发展方向；而家庭则为了维持幸福美满的生活，制订家庭未来的发展计划。因此，我在介绍企业领导者所扮演的角色时，常用家庭来做比喻。

让我们站在子女的立场上设想一下，“什么样的家长才算是优秀的家长呢？”对于子女来说，什么样的家长才称得上是合格的，什么样的家长才算得上是优秀的呢？以前，我们常常认为，努力赚钱、对子女有求必应的父母就是优秀的父母。然而，随着时代的发展，家庭的概念和角色如今发生了很大的变化，甚至还出现了“独身”这种新型家庭模式。不过，无论时代如何发展变化，关心爱护子女，引导子女走上正确的人生道路，这是为人父母亘古不变的准则。我想借用这个比喻来具体阐述一下如何才能成为一个称职的领导者。

鼓励“生育”：“育婴师”永远不会有主人翁意识

一个优秀的领导者懂得如何帮助员工成长。就像做父母的，光照看和养育子女是远远不够的，那样的话，不需要父母，育婴师也完全可以做到。我再打个比方，优秀的领导者会鼓励自己的员工多“生育子女”（这里指代提出创意）。无论员工处在开发、制造还是市场营销部门，对领导者来说，其最重要的能力是懂得如何激发员工的创造力。

然而，如今的现状是，很多领导者仅仅把员工当作一个育婴师。他们并没有协助员工成长，让其生育自己的孩子，而只是让员工暂时帮忙照看一下领导者自己的孩子。当然，育婴师也会努力做好本职工作，精心地照看孩子。比如按时喂奶，在身边寸步不离，生怕孩子摔倒。然而，育婴师绝不会担忧孩子未来的发展，也不会去费心培养孩子的人格品行。他们只会希望自己的工作可以早一点结束，这是育婴师这个角色决定的。

那么，把员工当成育婴师的领导者会引发什么的结果呢？显而易见，他们必须一直照看孩子。育婴师下班后，照看孩子的事最终还是要他们自己亲力亲为，要按时给孩子喂奶，在身边寸步不离，生怕孩子摔倒。尽管自己还有很多的工作要做，但仍不得不暂时放下手头的工作，专心照看孩子，因此总是忙得不可开交。正是因为员工只扮演了育婴师这样一个角色，所以无论领导者怎么起早贪黑地努力工作，员工也不会伸出援手。久而久之，领导者对员工的不满与日俱增，认为员工“生性懒惰，没有责任感”。

要想解决这个问题其实很简单。那就是不要让员工只扮演育婴师的角色，要让员工自己做父母，亲自“生育子女”。很多领导在给员工分配任务时都很不放心，由于他们对员工很不信任，导致所有的工作都要亲自做出指示、监督，并听取汇报。这种领导方式在为了赶超领先企业时曾经适用，是旧时代遗留下来的产物。如今，如果想由追随者变为先导者，领导者必须要学会赋权。

当然，即使充分赋权，有时领导者仍然要做出指示。领导者根据自己的判断，认为必须采取某种对策时，他应该怎么做呢？我个人觉得，比起直接下达指示，他最好以提问的方式来引导下属思考。下属完全遵从领导者指示的时代已经过去了，有时员工也会有和上司不同的意见或见解。每当这时，我都会问他们：

“金副社长，你的提案也很不错，但我的想法是这样的，不知道你对我的提案有什么看法？”

然而，如今的现状是，很多领导者仅仅把员工当作一个育婴师。他们并没有协助员工成长，让其生育自己的孩子，而只是让员工暂时帮忙照看一下领导者自己的孩子。那么，把员工当成育婴师的领导者会引发什么的结果呢？

显而易见，他们必须一直照看孩子。育婴师下班后，照看孩子的事最终还是要他们自己亲力亲为，因此总是忙得不可开交。

我首先会询问下属员工对我个人提案的看法或建议。换句话说，我不会直接下达指示让员工去执行，而是让员工思考我的建议。事实上，面对上司的这种提问，很少有员工会当场提出反对意见。倘若有员工反对，那么就让他仔细研究后再进行汇报，这样做可以给他充分的时间去考虑。之后，再次报告时，他可以拿自己的提案与上司的提案进行比较，从而选出更好的方案。有可能我的提案被采纳，还有可能因为下属负责这项工作，经验比较丰富，所以他的提案被采纳，当然也有可能采取折中的方案。

无论什么情况下，员工都不会将我做出的指示看作是一种纯粹的命令，他们会觉得虽然指示是我做出的，但其中一定程度上也融合了他们自己的意见。打个比方，我家里有一只小狗，虽然不是我的孩子（提案），但我也像照顾孩子那样照顾它们，现在我要将这只小狗交给员工领养。于是，下属员工们就会将新的指示看作是自己领养的这只小狗，会去爱惜它、精心饲养它。

这样一来，不需要任何人的强调与监督，员工对于工作的责任感便会油然而生。试问，有哪个父母是仅仅出于责任和义务而养育子女的呢？对于所有父母来说，子女就是自己的命根子，他们并不是出于责任，而是发自内心地去照顾和抚养子女。因此，领导者要学会让员工养育自己的“孩子”。如果非要亲自做出指示的话，也应该通过提问的方式，并得到员工的认可，让他们体验一把饲养小狗的感受。

这就是员工的主人翁意识，也是通常所说的责任感。在我看来，培养主人翁意识的第一步就是，无论在企业中处于何种职位，都能够将自己的孩子(提案)与自己所从事的工作融为一体。因此，一定要让员工养育属于自己的“孩子”，只有这样，他们才会拥有主人翁意识。

当下韩国面临的最严峻的社会问题都是由于“不育问题”导致的。这里的“不育问题”并不单纯指代过低的生育率，组织机构也正迎来“不育”的时代。在企业里，员工没有真正属于自己的工作、提案、想法，只是在机械地完成上级指示的工作。这导致职场成为人间炼狱。这一切都是由于领导者的失职，因为他们没有给员工机会，即没有向员工赋权。

诫律：连贯性和持续性非常重要

要想赋权，在对待员工的方式上需要遵循原则。我个人十分看重连贯性和持续性。从表面来看，二者似乎并无关联，但实际上，连贯性和持续性两者紧密相连，相互影响。

连贯性是指话语和行为一致。如果一个人说一套，做一套，那么这个人便是一个缺乏连贯性的人。持续性是指不断推进已经做出的指示和决定，指示的内容不会因为所处环境的变化而发生改变。

比如，企业内部实行禁烟，目的是为了倡导健康生活，提高员工身体素质。在活动刚开展的前3个月，领导者对这项活动颇为关注，企业上下都积极配合。然而，3个月一过，领导者的热情便大大减弱，不知不觉这件事就不了了之了。如果类似的情况反复出现，结果会怎么样呢？显然，在对待所有的事情上，员工们都会抱着一种“熬过这段时间就行了”的心态。反正过段时间就会不了了之，因此只要暂时挺过这一阵子，一切都会回归原位。三番五次，员工也就会明白领导者做事缺乏持续性。

缺乏连贯性和持续性的领导者注定会是一个失败的领导，无论做出什么指示，发号什么施令，都很难让员工们服从，无法获得员工发自内心的认可，员工也不会真心协助他。因此，作为一个领导者，首先既要言行一致，又要持之以恒。当然，这些说起来容易做起来却很难。通常，领导者担负的角色就是站在员工面前做出决策和指示，久而久之，领导者就会习惯于扮演这种角色，后来发展到做出的决策和指示太多了，连自己都记不住，有时甚至前后做出的决策和指示自相矛盾。因此，有的领导者会把自己说过的话记在手册上或个人电脑上，不时进行确认，以此确保自身的连贯性和持续性。

我的方法和其他人不同，为了确保自身的连贯性和持续性，我选择尽可能减少做出指示和决策的次数，这样就可以减少忘记的情况。还有一个原因，只有减少做出决策和指示的次数，才能真正实现赋权。当你真正愿意放权的时候，你自然而然就会将业务分配下去。有些领导者之所以缺乏连贯性和持续性，就是因为不愿放权，并因此做出了过多的指示和决策。

《圣经》里有“十诫”，意思是，人们只要遵守这十条戒律就可以。试想一下，倘若不是“十诫”而是“百诫”的话会怎样呢？没有人能遵守 100 条戒律，甚至连记住这 100 条戒律都很困难。同样的道理，作为领导者也不可以制定过多的条款和规定。否则，可能连自己都记不住，反倒影响自己的信誉。这样一来，言行一定会有出入，员工自然而然就会觉得这个领导者缺乏连贯性和持续性。因此，我个人认为，作为领导者，做出的决策和指示一定要简单明了、干净利落。

原则性：为自己的言行设置底线

关于原则，我想再补充一点，那就是做出的所有决策和指示都必须基于普遍性规则和常识性判断。为了应对不同的状况，你掌管的子公司越多，做出的指示和决策就越多，有时候可能连你本人都记不清。为了杜绝此类情况，我们应该基于一般常识和普遍原则来做出决策和指示。只有这样，才能保持连续性和持续性。

作为领导者，无论是做出决策，还是指示，一定要遵守一个明确的原则。无论是做什么事，还是会见什么人，只要原则明确，遵照原则行动即可。这样一来，就算过了一段时间，见到了不同的人也会始终记得自己下达过的决策和指示。切忌“对这种人做出这种指示，对那种人做出那种指示”，不能毫无原则，或过于随意。

如果自己做出的决策或指示并非基于普遍性原则或常识性判断，一定要单独记录下来，以备以后查阅。不过，我并不建议为了便于记忆把所有的事情都记录下来，至少我个人不喜欢这种方式。那么多的内容怎么可能都一一记录下来？按照我的经验来说，就算依靠记录真的可以帮助自己维持连贯性和持续性，但在实际工作中也往往难以应用。

近来，大家都十分关注“灵活工作”（Smart Work，不受时间和空间的限制，可以随时随地工作）和“工作 & 生活均衡”（Work & Life Balance），这已经成为一种新兴的潮流，并逐渐被大众所接受。不过，过去有很多公司每天都会加班到深夜，“从周一到周日”，周末也要工作。那个时期，对于很多企业来说，他们进入市场相对较晚，只有拼命工作才能在市场中生存下来。我曾经的工作节奏也是如此，那时每天都想快点结束工作赶紧回家，但总在下班后被叫去开会。

很多人一谈起“三星人”，第一印象就是“一群没日没夜的工作狂”。不过，我认为这并不是三星集团实现“绝对优势”的原因。企业要想发展，还是需要通过革新，让自己发生脱胎换骨的变化。至少在我担任三星电子总裁后，从来没有在上班之外的时间里开过会，也从没在下班之后临时叫某员工来公司，或者给其他人发邮件。相反，我明令禁止在周末给员工发邮件，甚至会调查是否有高层领导者违反该规定。

我希望大家都能成为按时下班的领导者，更准确地说，是成为可以按时下班的领导者。要想做到这一点，领导者就必须学会赋权。如果将所有的事情都揽到自己怀里，一天 24 小时都不够用，周末加班也就变成理所当然了。为什么不能按时下班呢？是不是因为你没有做到赋权，导致你的员工缺乏主人翁意识呢？是不是因此才总觉得时间不够用，经常晚上加班呢？总而言之，作为领导者，一定要让员工们养育自己的“子女”，这样他们才会有责任感。不要做一个只会指使员工的领导者，要成为懂得培养人才的领导者。

沟通：领导者也存在自己的知识盲区

当一个人成为企业部门的高层领导者时，经常会出现一种现象：他们会认为在组织内的所有人中，自己懂得最多。其实这也是合乎情理的。要想成为一个组织的高层领导者，大约需要30年的工作经验。尽管每个组织的情况不尽相同，但要想晋升为CEO，基本都需要30年。在一个领域工作30年，确实可以称得上专家了，当然走后门的情况除外。

不管怎么说，能够在一个领域摸爬滚打多年，肯定积累了丰富的工作经验，且比其他人更加了解这个领域，这一点是毋庸置疑的。然而，正因为如此，这样的人很容易无视他人的建议。当别人提出问题时，他通常会选择霸权式的应对方式。然而，当今世界飞速发展，技术革新日新月异，不论经验多么丰富的人也总会存在知识盲区，毕竟一个人能存储的知识量是有限的。在这种情况下，依然有很多人一旦成了部门的领导者，便不顾他人的意见，独揽大权，一意孤行。

我在和员工们沟通交流时，遇到不懂或不明白的地方，会直接坦率地讲出来。这些员工在各自工作的领域都是专家，领导者如果不懂装懂，他们其实一眼就能识破，只是表面上不好意思说破而已。事实上，从领导者选择不懂装懂的那一刻起，就等于用双手捂住了员工的嘴巴。员工们怕自己触及领导所不熟悉的领域或知识盲区，会招致责备、惹祸上身，因此没有人愿意开口，结果只剩下尴尬的沉默在蔓延。因此，想让员工能够畅所欲言，一定要坦诚，不能不懂装懂。

驯服“野马”：跟苏格拉底学反诘法

我发现，有一种现象很有趣。当我表示对某领域不太熟悉时，“野马们”便开始蠢蠢欲动了。“野马”就是指以领域内最高权威自居的人，换言之就是那些自以为是的人。他们经常会表现得非常不合群，喜欢把自己的观点当作唯一标准，动不动就对别人指手画脚。当领导者表示对某一领域不熟悉时，这些“野马”便伺机而动，开始趾高气扬地指指点点：“应该这样，应该那样。”

这样的“野马”会危害组织的发展，他们盲目相信自身能力，对他人的意见熟视无睹，自以为高人一等。这样的人会破坏组织内部的平衡，而且也不容易管束，就像真正的野马一样。与“野马”在公开场合发生意见分歧时，领导者通常害怕暴露自己的缺点，所以选择沉默不语。

针对这些“野马”，我首先会非常坦诚地告诉他，我对某些领域不了解，然后虚心寻求意见和帮助。每到这个时候，“野马”便来了兴致，开始长谈阔论，天花乱坠地炫耀自己的专业知识和能力。这个时候，领导者一定要有耐心，可以让这个人痛痛快快说上 30 分钟左右。在这 30 分钟内，他的说法一定会出现逻辑上的漏洞。

这时，我便会根据自身的经验和直觉指出这些漏洞。不管他如何想自圆其说，其中总会有自相矛盾的地方。“当事后诸葛亮有什么意思呢，为什么事前你不谈自己的看法？”听到这样的问题，“野马”往往都会哑口无言。接着你可以继续追问：“炫耀已经无法产出成果的方法，你想证明什么呢？”经过几番这样的提问后，不知天高地厚的“野马”也会突然意识到，原来自己也存在不足之处。只有这样，才能驯服野马的烈性。这就是“苏格拉底反诘法”，通过不断的诘问，将他逼进他自己逻辑上的死角，从而认识到自己的问题。在企业经营中，这种不断递进的处理方式往往会获得意想不到的效果。

提问：引导员工学会自己解决问题

上文所提到的“苏格拉底反诘法”不仅适用于那些破坏组织内部平衡的人，也适用于普通员工。通过“苏格拉底反诘法”，你可以让普通员工感受到他们所肩负的使命感与责任感，提高独立解决问题的能力。从长远来看，这种方式可以为组织成员的进步提供动力。

作为领导者，在经营企业的过程中遇见问题时，当然要给出相应的指示。不过，正如前面所说，我更倾向使用提问的方式。除非问题棘手，情况紧急，一般情况下，我都会以提问的方式进行。如果直接下达命令，那么这件事就变成了我自己的事，而接到命令的员工也会觉得，他只是在完成我所分配的任务。如果通过提问的方式，员工就可以根据自己的想法和思路来开展工作，那么这件事便不再只是我所分配的任务，而成了员工自己的事了。

有时候，我甚至干脆对员工说：“我没有什么好办法，能解决这个问题的专家就只有你了。”事实上，如今企业经营分工细化，除了大框架外，悬而未决的细部问题也有很多。即便再怎么能力出众、统揽全局的领导者也不可能做到对企业运营的所有细节都了如指掌，技术密集型企业更是如此。具体从事某项工作的员工经过长时间的历练后，都堪称该领域的专家，因此，我常常向员工咨询请教，来激发其主人翁意识，引导他们独立自主地解决问题。

“我发现，有一种现象很有趣，那就是当我表示对某领域不太熟悉时，‘野马们’便开始蠢蠢欲动了。‘野马’就是指以领域内最高权威自居的人，换言之就是那些自以为是的人。当领导者表示对某一领域不熟悉时，这些‘野马’便伺机而动，开始趾高气扬地指指点点，‘应该这样，应该那样’。

这样的‘野马’会危害组织的发展，他们盲目相信自身能力，对他人的意见熟视无睹，自以为高人一等。这样的人会破坏组织内部的平衡，而且也不容易管束，就像真正的野马一样。”

当然，也会有人执意让我提供解决方案。他认为我在半导体产业待了40年，拥有统领全局的视野，所以执意要我提出解决方案。这时，我会对他说："那么我给你三个选项，你从中选择一个。"

第一个选项：我告诉他，针对这个问题，如果你能够提出自己的见解和相应的解决方案，我一定会根据自身的经验，认真地提出建议和修改意见。我这样做的目的在于让他自己去思考，并提出解决办法。

第二个选项：当他拿不出任何解决方案时，我会告诉他，这说明他不适合该领域的工作，如果有他更擅长的领域，可以激发自己的创意，那么我会安排他过去。意思是，既然你没有能力解决这方面的问题，那就把你分配到可以发挥你能力的地方去。根据我的经验，通过这种方式，大多数人都会回答说，自己可以提出解决方案。事实也证明，很多人真的提出了解决方案。

第三个选项：我会告诉他，你既拿不出方案，又不愿被分配到别的地方，那怎么办呢？很抱歉，只剩下一个选项了，那就是离开。现在有问题需要解决，你却没有能力，而且也没有可调配的地方，所以你自己选择吧。这时，大多数人会欣然接受第三个选项。因为已经给出了几个选择方案，但还是想不出解决对策，那么他只能同意离开企业了。因为你已经给他提供了发挥自己能力的机会，但他因自身问题没能把握这些机会，自然会选择乖乖离开。

弹性：打造具有超强逆转力的队伍

对于“逆境”中的“逆”字，我的理解是，当遇到逆境时，要逆向而行。这也是我的一种人生态度，勇敢地去接受考验和挑战，并将其看作是一次难得的机会。这个观点也可以用“正反合理论”来解释。也就是说，我们要时刻秉持“攻击是最强的防御”这一信念，与逆境抗争到底。

之所以出现逆境，是因为企业现有体制存在某些问题，或者组织的灵活性钝化了，一直在超负荷运转。同时，这种情况也意味着，你可以有机会解决目前体制内存在的问题和由此衍生的后续问题。在试图扭转逆境的过程中，我们会自然而然地发现公司内部存在的问题，并着手解决。因此，从这个角度来看，逆境也有其值得肯定的一面，它给人们提供了一个发现问题本质的窗口。

逆境可以让人们发现问题的本质。因此，当逆境来临时，人们要抓住机会，沉着地去应对。首先你要冷静地审视自身和周边，分析问题的出现是因为个人能力的不足，还是因为市场不景气，又或是因为竞争对手实力太强。举个例子来说，假如你现在负责一个连续亏损的企业。面对这种情况，大部分的企业经营者为了能尽快摆脱困境，会选择制定短期对策。这些经营者为了显示自己有能力让企业在短时间内转亏为盈，往往会采取一些急功近利的办法。

显然，这并不是正确应对逆境的做法。作为领导者，不能只局限于眼前的利益，要有长远的眼光，考虑自己的做法在未来三五年后会对企业产生什么样的影响。即使可能加重企业亏损的程度，也要着眼未来，迎难而上。

很多企业经营者遇到这种情况，都会变得比较保守，他们死扣成本、压缩规模，尽可能维持当下的平衡。然而，我的想法却完全相反，我会通过加速布局未来解决问题，迎难而上是克服逆境最好的办法。

灵活性：利用危机解决企业的老问题

逆境分为两种，可预测的逆境与不可预测的逆境。例如，经济运营体制突然发生了变化，而企业对这种宏观层面的风险缺乏吸收能力。面对类似突如其来的变化，有人会选择怨天尤人，批评政府没有考虑企业面临的困难。这无疑是愚蠢之举。经济运营体制的变化永远都是无法避免的，人们能做的就是尽快接受现实，迅速采取应对措施。在这一过程中，企业可以重新评估以往固守不变的经营方式。比如说，倘若政府出台新政策，计划调整法定工作时间，对于企业而言，这种麻烦其实可以转变为绝佳的机会。为了缩短劳动时间，企业可以对过去低效率的劳动生产模式进行调整和改进，进而摸索出一种高效利用时间的生产模式。

不仅如此，要想提高劳动生产率，还需要企业从“work-smart”（聪明灵活地工作）调整为“work-smarter”（更加聪明灵活地工作）。面对突如其来的劳动政策的调整，有些人感到忧虑，并开始抱怨，但我认为这恰恰提供了一种改革共识，让企业竭尽全力去提高劳动生产效率，让员工们“可以得到更多休息的时间”。因此，当外界环境发生变化时，不要把它视为逆境，而应该将其看作是促进自我发展的重要契机。

想要避免突发情况引发的危机和逆境，办法只有一个，那就是接受现实，培养思维灵活、动作敏捷、处理问题能力突出的人才。因为并非所有的状况都可以事先应对，所以需要培养可以灵活处理突发状况的人才。不仅如此，组织本身也要保持很强的灵活性，这样才能够迅速吸收危机所产生的负面影响。因此，为了能够迅速做出决策，突破逆境，就要对组织和业务流程进行精简。

组织必须具备“灵活性”，这一点其实可以借用进化论来理解。世事难料，很多情况都无法预测，但人类可以快速应对情况的变化。例如，如果突然出现冰河期，那么在凛冽的暴风雪到来之前，人类就会抓紧摄取脂肪，以备严寒的降临。

提高“免疫力”：失败的类型比失败本身更重要

为了克服危机所进行的挑战，难免会有失败的情况，而失败其实可以提高你的“免疫力”。在经历过无数次的逆境后，你内在的“免疫力”也会随之增强。因此，很多人鼓励大家不要畏惧失败，特别是年轻时所经历的失败，往往会成为人生无比宝贵的财富。这种说法很有道理。不过，比起失败的经历，失败的类型更为重要，因为并不是所有的失败都能提高你的“免疫力”。

比如，上司给你布置了工作任务，而你没有完成，这类失败对于人生就不会有任何启示，也不会增强你摆脱逆境的“免疫力”。之所以没有完成上司布置的任务，可能是上司的指示有误，也可能是因为员工的能力不足。通常在这种情况下，员工不会将失败的原因归结为自身能力不足，他们会坚信问题出在上司身上。显然，如果在失败面前，人们都忙于推卸责任，那么这种失败是不会带来教训和启示的。

“失败是人生无比宝贵的财富。不过，比起失败的经历，失败的类型更为重要，因为并不是所有的失败都能提高你的‘免疫力’。比如，上司给你布置了工作任务，而你没有完成，这类失败对于人生就不会有任何启示。

通常在这种情况下，员工不会将失败的原因归结为自身能力不足，他们会坚信问题出在上司身上。显然，如果在失败面前，人们都忙于推卸责任，那么这种失败是不会带来教训和启示的。”

能提高“免疫力”的失败其实是另一种。领导者制定了一个目标，然后告知全体员工。然而，究竟要如何去实现这个目标呢？领导者给负责这项工作的人充分的空间，让他们自己想办法。这一过程中，即使出现了功亏一篑的情况，负责该项目的人也能通过这次经历，体会到什么是真正的人生，从而培养了摆脱逆境的“免疫力”。因此，如果领导者希望员工能够从逆境中获取经验教训，那就要做好思想准备，充分对员工进行授权。只有这样，员工们才能从失败中收获无比宝贵的经验与教训。

照抄范文是不会出错的，不但不会跑题，语言逻辑也十分顺畅。不过，那终归是别人的文章，不是自己的。只会原封不动地复制粘贴他人的想法的人，肯定一辈子都学不会如何进行自我思考，如何独立创作。

因此，如果让员工“写文章”，那一定要让他们依靠独立思考来完成文章的写作。起初他们可能会有语句不通、频繁出现语法错误等毛病，但作为领导者要学会容忍员工的失误，并给予员工鼓励员工。只有这样，他们才能通过文章表达自己真实的想法。同理，在解决公司经营问题时，领导者一定要引导员工学会独立思考，自主解决问题。

在招聘新员工的面试中，面试官都会问应聘者这样或那样的问题，例如，到目前为止你经历过哪些困难或失败？你是如何克服的？对此，应聘者通常会给予非常详细的答案。不过，这里面试官应该将关注点放在应聘者经历过哪种类型的失败上，以及如何从失败中挺过来的。

失败有很多种类型，有的是因为自己主动挑战困难，有的只是被动忍受困境。关于失败，应聘者通常会谈到自己高考失利，服兵役期间无法忍受高强度的训练，在国外留学期间遭受文化差异带来的麻烦，等等。然而，这些失败绝大部分都不是源自他们主动的挑战。显然，在被动地适应困境中所学到的东西，与自己主动挑战困难所领悟的经验与收获有着天壤之别。

斗志：用克服逆境的方式证明自己

只有不畏失败，直面挑战，才能获得摆脱逆境的“免疫力”。不过，最重要的是，你自己内心真正想要去迎接挑战，一切都是出于自己的选择。

过去，我曾经负责过一个又一个亏损部门，在这个过程中，我学会了如何正视危机与挑战，如何将其转化为发展的机遇和动力。我曾经负责的部门，有的经营业绩惨淡，连下一个季度都很难撑过去。对此我也曾感到不安与迷茫：为什么别人都一帆风顺，只有我如此备受煎熬呢？不过，当看到自己负责的部门陆续从亏损走向盈利时，我从中感受到了前所未有的快乐。对于我来说，克服逆境的过程给予了我无限的惊喜与乐趣。

当我负责的部门在旁人眼里必死无疑时，我却通过自己的努力，让其转亏为盈，这是一种无比美妙，充满乐趣的体验。在这一过程中，我对于工作的责任心更强了，产生了无论遇到什么困难都要全力以赴的挑战精神。当克服重重困难，带领亏损部门转亏为盈的那一瞬间，我收获了无以言表的喜悦和感动，我甚至想，要是以后还会有比这更棘手的问题就好了。

分析造成亏损的原因，制定相应的解决方案，果断推荐措施的落地，调整企业发展路径。在这一过程中，我领悟到了人生的真谛。逆境和挑战，以及克服逆境与挑战的过程，这些赋予了人生新的意义与追求。这并不只适用于领导者，还适用于每一个普通人。因为每个人都有自己要承担的任务，都有要完成任务的责任与使命。

危机与挑战为人们开辟了一种全新看待人生的视角。因此，哪怕是为了找寻人生新的意义，人们也要学会昂首挺胸，直面危机与挑战。

格의 발견
优势的缔造

我的故事：失败与战胜失败

陷入危机和困境，进而遭遇失败后，人就会变得谦逊。因为在这个过程中人们会认识到自身的局限性，发现自身的缺点与不足。我也是在经历了这些之后才更清晰地认识了自己。我在首尔大学、韩国科学技术院（KAIST）、斯坦福大学都获得了相应的学位，因此很多人认为我就读的初中、高中也必定都是重点学校。然而，事实并非如此。20 世纪 60 年代，在韩国，要想读初中和高中，就必须考试，而我在考取重点初中和高中的两次考试中都落榜了。

这样看来，在小小年纪我就承受了两次落榜的酸楚。明明平时学习不错，可一到考试，落榜就像噩梦一样纠缠着我。不过，也正是那时，我认识到了自身的局限性。自己的能力其实并不突出，而且不是所有的事都能如自己所愿。正因如此，我也变得更加谦逊，学会了在失败中反省。如果当时我能通过考试，顺利进入重点初中、高中的话，估计一定会趾高气扬，人生经历也会与现在大不相同。在面对中考、高考两次落榜时，我真的感觉仿佛到了世界末日。不过，现在回头看，生活依旧在继续，对于我来说，一系列的困难和考验反而让我学会了自我反省。

我人生的逆境并没有就此结束。大学期间的学习相对比较顺利，给我留下了一份幸福美好的回忆。接着，我人生的第二次逆境出现了，当时，我从半导体研究员被调到事业部。那时，三星公司突然将我调离系统LSI事业部，让我去负责一个小型项目组。在那之前我一直从事半导体研究工作，而现在却要我负责半导体的销售，这对我来说完全是一项全新领域的工作。对于只懂得研发的我来说，突然转去“做生意”，自己顿时感到压力倍增，甚至考虑过要不要辞职。为了摆脱第二次逆境，我努力让自己迎难而上。那时候，我每天告诉自己“要对新事物保持好奇心”“要有挑战精神，努力克服困难”……总之，我告诉自己不要把新任务看作一种负担，并且全力以赴地努力工作。就这样，我克服了人生的第二次逆境。

当我的学弟晋升为我的上司时，我遭遇了人生的第三次逆境。我读书时的学弟比我率先晋升，我必须向他汇报工作，可想而知我的处境有多么尴尬。当时，我正在三星电子的系统LSI事业部工作。那个时候，系统LSI领域的发展态势并不好，我负责的部门业绩也表现平平。雪上加霜的是，我的学弟竟被公司任命为我的顶头上司。当时，我感觉自己似乎被公司抛弃了，仿佛是公司在告诉我，你竞争失败了，退出吧。说心里话，输给了学弟，我心里很不是滋味，于是我首先向下属吐露了打算离职的想法。那时，我的下属对我说：

“您不是说过，即使遇到这种事情，也要抛开个人得失，一起为公司努力吗？然而，自己真正遇到了这种事情时却打算辞职，那您和其他人又有什么区别呢？”

我无言以对。因为平时我对员工反复强调，公司不是一个人唱独角戏的地方。只有公司发展好了，部门才能有好的发展，最后个人才能进步。即使内心有什么不满，也要首先服从组织或公司的决定和安排。然而，如今我却食言了，自己亲口说过的话自己都没有做到。于是我重新打起精神，对同事和下属们说：

“没错，你们说得对。那是我一直强调的，如果今天我自己违背了自己说的话，那成什么人了。说实话，我心里确实不是滋味。但是没关系，我们大家一起努力，提高我们自己的水平吧！”

怀着这种决心，我再次站了起来，全身心投入到半导体的系统 LSI 领域的工作中，取得了一系列优秀的业绩。学弟在我之前被提升，成为我的顶头上司，确实给我的心理带来了很大的压力，让我的自尊心受到了严重的伤害。

现在回头看看，其实正是因为那些困境与磨炼才使我更加发奋努力，在工作中创造出了一定的成绩。向学弟汇报工作对我来说是一段卧薪尝胆般的日子，那段日子整整持续了 8 年。那时，我每天都告诉自己：“要忍耐，忍三忍，免杀身。”就这样，熬过了 8 年。此时此刻，倘若有人正身陷困境，四处碰壁，或者经历失败后一蹶不振，真希望我的经历可以给他带来些许鼓励和慰藉。

试金石：注重小问题，才能避免大危机

关于失败如何提高人的“免疫力”，我还想再补充一点。首先，危机和考验分为“身体的”和“精神的”两种，无论对个人，还是对企业来说，都是如此。如果一个人失去了健康，那就等于身体上遇到了危机。企业也会陷入这种突发危机。例如，企业发展态势良好，却因为一时疏忽濒临破产。

无论是个人，还是企业，都应该事先预防这种身体上的危机。坚持运动，定期检查身体，注意饮食健康等。另外，还可以通过接种疫苗来预防突如其来的疾病。为了抵抗超级病毒的侵入，人们还要注射能增强免疫力的预防针。只有事先做好准备，才能避免突如其来的身体危机。

对于企业来说，“接种疫苗”就是指与那些“小小的失误”过招。当然没有必要刻意去招致这些小失误，但是一旦这些小失误出现

时，我们要把它们看作是未来危机可能要发生的征兆。因为只有处理好这些所谓的“小小的失误”，才能避免今后出现“重大失误”。因此，在企业经营的过程中，如果出现了小的失误，要把它看作是让你采取措施的信号，以免将来出现更大的失误。如果哪个员工，或者哪个部门出现了小的失误，不要“不管三七二十一”劈头盖脸地横加指责，反而要把它们看作是防止重大失误的试金石。没有任何事件是纯偶然的，小小的失误不断积累，终将酿成大祸。因此，不要将小的失误单纯地看作是过错，而要将其看作是可以有效避免今后重大失误的预防针。

复原能力：输得起，才能重新爬起

没有经历过失败的人不可能成功。通过小小的失败，我们可以获得新的“免疫力”，当遇到更大的困难时，便可以拥有战胜困难的魄力。偶尔会遇到一些领导者，他们无法容忍自身出现丝毫的失误，哪怕只是极小的失误，他们也感觉在员工面前颜面尽失。一旦发生这样的小失误，他们就认为自身领导能力不足。不过，我却认为，当你出现失误时，最好在员工面前及时承认，并表示会及时改正。只有这样，员工才会从自身的失误中吸取经验教训，也只有这样，企业才算是接种了预防未来发展危机的“疫苗”。

最近经常听说，硅谷在选拔人才时倾向于挑选有失败经验的人。因为人经历过痛苦之后，可以从中获得一种复原能力（resilience）。经历了失败，为挽回损失而努力，在这一过程中，复原能力会逐渐增强。那么，韩国人是怎么样的呢？韩国人极度畏惧失败。因为我们生活在一个“输不起”的社会，一旦失败，就很难再爬起来。

一年一度的高考便是一个最好的例子。对于韩国的全体考生来说，一年只有这一次机会。如果偏偏那天感冒，恐怕考试就砸了，只能再等一年。然而，就算顺利通过考试，考上了大学，情况也还是一样。即便高中时成绩全校第一，考上了大学，在大学里还是要分出所谓的尖子生和差生。

正因为韩国社会无法接受失误和失败，所以倘若高中时全校第一的学生突然得了 F，那么对他来说这便是莫大的打击。这种打击就是所谓的“精神”危机。因为对于这类学生来说，他们几乎没有失误过，从而也就没有免疫力，因此当危机来临时就会感到不知所措。我们偶尔会看到这样的新闻，说某个学生因为无法承受打击而走了极端。

进攻：只防守带来不了胜利

那么，没有什么方法来帮助人们克服这种困难和考验吗？首先，我认为，要有迎难而上的斗志。能否通过小的失误来提高“免疫力”，能否在困境中增强复原能力，这都取决于你的意志力。这里的意志力指的是精神层面的毅力。

对于足球而言，可分为进攻型球队和防守型球队，有的球队擅长进攻，有的球队擅长防守。不过，要想在比赛中获胜，就必须要进攻。只注重防守的话，可能会打成平手，但绝对不可能取胜。从来没有哪支球队只靠防守就能获胜。如果一味地等待进攻的一方出现失误，那么与守株待兔无异。从概率上来讲，侧重防守的球队获胜的可能性极小。要想在比赛中取胜，进攻才是上上策。也就是说，当困难发生时，只有直面困难，努力克服，不断提高“免疫力”，才能让你的意志力变得越来越坚强。

同时，面对自身的危机，不要一味地试图掩盖，要勇敢地将自身的危机展现出来，同他人一道分享。当遭遇严重的危机或困境时，仅靠个人力量是无法克服的。不管个人能力多么出众，当危机与困境持续时间较长而且反复出现时，单凭个人力量很难应对。因此，从某种角度来看，营造幸福的家庭，打造高效的关系网络和接种疫苗是同样的道理。因为我们每个人都需要注射名为“家庭之爱”与“友谊之情”的“疫苗”。

后记 · 新的时代需要新的人才

韩国在经历了日本殖民统治的劫难后，直到20世纪50年代，经济依然十分落后。那时，韩国人还在为温饱问题而担忧，而如今，韩国经济正昂首阔步地朝着世界先进水平迈进。韩国经济在短短的时间内取得如此巨大的飞跃，在人类历史上很值得大书一笔。韩国企业的发展亦如是，在这片土地上，无数世界一流企业神奇地冲破了技术落后、国土面积狭小的藩篱，蒸蒸日上，蓬勃发展。

韩国的很多产业起步虽晚，却正以昂扬姿态踏入世界前列。我为自己能够亲眼见证这场时代变革而感到庆幸。35年前，我加入了三星电子，也算是为韩国半导体领域迈入世界最高水平行列贡献过自己的微薄之力，这让我倍感自豪。后来，我成了三星电子的领导者，也见证了三星电子在世界市场中大展拳脚，收获无限荣光。

我曾负责三星半导体和显示屏部门，在三星集团最辉煌的时期（2017年），我决定从总裁位置上隐退下来。对任何人来说，在企业发展的鼎盛时期选择隐退都不是容易做出的决定。不过，我一直认为，在盛极之时放手，方为智者之道。虽说身处高位时继续努力向上也能展现领导者的魄力，但留下些许遗憾也是一种生活方式。再美味的食物，吃得太多也会厌烦，我们不妨在适当的时候停箸。

我选择从总裁的位置上隐退，也出于一定的现实性原因。半导体领域日新月异，飞速发展，而我垂垂老矣。赴美出差时，我的业务伙伴大多 50 多岁，比我年轻 10 岁左右；而赴中国出差时，我发现中国企业的总裁大多是 40 多岁的年轻人，他们和我的年龄差距足足有 20 多岁。我与这些年轻的合作伙伴在沟通上虽无大碍，但在业务上却有不小的差距，这让我倍感压力。我想，到了该提拔年轻人的时候了。为三星集团的未来考虑，面对更加激烈的竞争，我们也需要与之相对应的新一代领导者。

从入职三星集团开始，我亲身经历了企业迈进世界前列的全过程，这是我人生中一笔宝贵的财富。在我看来，经营的方法总会随着时代的发展而变化，但经营有着恒定的基本原则，此书即是我对这些基本原则的总结。

如今，产业化时代已接近尾声，新时代序幕正徐徐打开，这正是即将到来的第四次产业革命。韩国也应为迎接此次产业革命做好准备。我们这代人是努力追赶先进国家脚步的“追逐者”，而如今，我们应争当新产业和新技术的“开创者”，并尽快完成这种身份的转变。如果说，此前，韩国的产业发展是通过改编他人的曲目获得成功的，那么现在则是需要我们自己作曲的时代，我们要用自己的双手，开辟出一条崭新的道路。

不只是企业、大学和政府，全社会都应参与到这场变革的浪潮中来，打破固有的惯例，唱出属于我们自己的赞歌。变革应深入到每一个人，因为变革是适应未来发展必不可少的条件。世界经济发展的经验告诉我们，墨守成规，终会被时代淘汰。

关于变革的方向，与其空喊口号，不如着手解决一些棘手的问题。从事企业经营工作多年的经验告诉我，韩国的人事、评价和教育培训体系都急需变革，韩国现行的人事、评价和培训体系都还停留在 20 世纪 70 至 80 年代的水平，那时的企业一般选拔优秀人才，对他们进行集中培训，之后，他们在公司努力工作，大多数人由此解决了温饱问题。

在产业结构剧变的今天，对于优秀人才的培训机制、选拔机制和奖励机制都已失灵。在过去，这些陈旧的机制曾为韩国企业赶超世界龙头企业发挥了一定的作用。然而，如今，随着时代的发展，沿用这些旧的机制肯定是无法引领未来的。

现在，已经到了我要谢幕的时候，现存的人事、评价以及培训机制仍不完善，作为一个企业经营者，我很想对此进行重新整改，但很遗憾，我无法完成这项工作了。我认为，韩国企业若想在创新的路上更进一步，在世界市场大展身手，必须要改革这三大机制。

回顾过去，我的人生充满了挑战，为了生存和发展，我不断地创新，因为不改变就会被淘汰。面对严酷的现实，我一步一步走到了今天。衷心希望年轻的企业经营者在新时代中能够不断地迎接挑战和成长。过去，我们齐心协力，攻克了无数难关，我相信，你们今后也可以继往开来，再创辉煌。

致谢

三星电子就像我的另一个家，并肩作战的同事们就是我的家人。我能取得今日的成就，离不开他们的共同努力。在此，我要向我同事们表示衷心的感谢。

我也十分感谢我的家人，无私奉献的母亲、默默付出的妻子和常常给我加油鼓劲的女儿，正是由于你们的努力与付出，我才能毫无后顾之忧，得以专心工作。

过去 20 年间，我结识了很多人文、社会、经营、文化、艺术界的专家学者们，从你们身上，我学到了很多的知识和智慧，这些对于我经营管理三星电子提供了极大的帮助。

延世大学的金祥根教授在本书的创作和出版过程中发挥了重要作用，我们夫妇二人与金祥根夫妇常常见面，针对人文学、经营学和我本人的经营理念等话题展开讨论，通过这些讨论，我也得以细细回味之前的经验和教训。

金教授多次建议我将自己在经营管理方面收获的经验整理成册，但我一直以公务繁忙为由拖延。直到 2017 年秋天，我决定从总裁之位隐退之后，终于得闲，决定整理和总结这些年的经验和体会，留给未来年轻的领导者们。本书的问世离不开金教授的建议和鼓励。在此，再次向金教授致以诚挚的感谢。